Kräuter & Gewürze

Ursula Braun-Bernhart

KOSMOS

Kräuter:
traumhaft schön &

wunderbar würzig

◄ Einfach prachtvoll
Kräuter in schönster
Gesellschaft: Heil- und
Zierpflanzen blühen in
farbenfroher Runde um
die Wette. Damit hohe
Pflanzen Wind und Wet-
ter standhalten, ist es
sinnvoll, ihnen einen
Staudenring umzulegen.

**► Das Aroma des
Südens** Dank seiner
kriechenden Wuchsform
eignet sich Rosmarin
(*Rosmarinus officinalis*
'Prostatus') hervorragend
zur Bepflanzung von
Hängeampeln und
Wandschalen.

Kräuter im Wandel der Zeit

Der Gebrauch von Kräutern reicht weit in die Vergangenheit zurück. Zu den Wegbereitern der heutigen Kräutermedizin zählen insbesondere der Benediktinermönch Walafried Strabo, Abt des Klosters Reichenau im Bodensee (808–847), die Äbtissin Hildegard von Bingen (1098–1179), Pfarrer Sebastian Kneipp (1821–1897) sowie Pfarrer Johann Künzle (1857–1945).

Diesen Pionieren ist es zu verdanken, dass Anis, Gundermann, Johanniskraut, Spitz-Wegerich und viele andere traditionelle Heilpflanzen allen Trend-Bewegungen trotzten und bis heute nicht in Vergessenheit geraten sind. Eher das Gegenteil ist der Fall: Sie erleben gerade wieder eine Hoch-Zeit. Nicht zuletzt hängt dies mit den gesundheitlichen Folgen unserer mittlerweile stark umweltbelasteten, hektischen sowie gewinnorientierten Zeit zusammen. Altersunabhängig leiden Menschen zunehmend unter zivilisations- und stressbedingten Krankheiten. Daher ist ein „grüner" Zufluchtsort mit reichlich Platz für Salbei & Co. eine wunderbare Möglichkeit, dem Alltagsstress entgegenzuwirken und in Einklang mit sich und der Natur zu kommen.

Schaffen Sie sich einen Wohlfühlgarten!

Auch wenn für viele unter uns ein Rasen oder Teich zum Inbegriff eines Gartens gehört, entsprechen Kräu-

▼ **Klostergarten der Insel Reichenau** Einblick in den Heilkräutergarten auf der Insel Reichenau: In diesem Refugium ging Abt Walafried Strabo seinen Kräuterstudien nach. Die Beete wurden zu seiner Zeit streng formal angelegt. Der Garten ist heute jederzeit für die Öffentlichkeit zugänglich.

▲ **Wertvolles Gut: Frauenmantel** Auch wenn Frauenmantel zunächst unscheinbar wirkt, ist er nicht zu unterschätzen. Die wichtigsten Inhaltsstoffe: Gerbstoffe, Flavonoide und Mineralien. Das blühende Kraut wird im Sommer geerntet, wie hier im Kloster Arenberg.

terbeete eher dem Zeitgeist. Längst dreht sich bei der Balkon- und Terrassengestaltung nicht mehr alles um Massenblüher wie Petunien oder Pelargonien. Immer häufiger werden Kübel, Wandschalen und Kästen unter anderem auch mit Rosmarin, Thymian, Oregano, Minzen, Melisse oder Lavendel bepflanzt. Selbst auf kleinstem Raum sind die Möglichkeiten riesig.

Farbenfroh, wohlduftend und pflegeleicht

So streng formiert wie einst in Klostergärten sehen Kräuterbeete oder -gärten heute nicht mehr aus. Vielmehr ist ein farbenfroher Bauerngartenstil gefragt: Salate, Gemüse, Obst, Kräuter, Sommerblumen und Sträucher teilen sich die Beete. Es ist unglaublich, was sich in den vergangenen Jahren in Sachen Kräutern getan hat. Immer mehr sehr gute Sorten bereichern den Markt und erfreuen das Gärtnerherz. Noch nie war es einfacher, sich der Kräuterlust hinzugeben, Themen-

bereiche im Garten zu inszenieren, um später in der Küche mit den Aromaten zu experimentieren.

Asia- und mediterrane Würzkräuter greifen den Zeitgeist auf und mit den traditionellen Heilpflanzen können Sie ohne großen Aufwand kleineren Wehwehchen den Garaus machen. Zum Beispiel indem Sie einen Tee oder selbst angesetzten Heilschnaps genießen.

Nie war die Kräuterauswahl größer

Was noch vor wenigen Jahren lediglich durch bewurzelte Stecklinge von hochmotivierten und engagierten Pflanzenjägern unters Volk gebracht wurde, hat sich zu einem riesigen Markt entwickelt. Die Nachfrage ist so groß, dass heute oft schon der Gärtner um die Ecke eine respektable Kräuter-Auswahl anbietet, das benachbarte Gartencenter um die Ecke sowieso. Außerdem gibt es in ganz Deutschland Kräuterbetriebe, die unzählige Arten und Sorten anbieten.

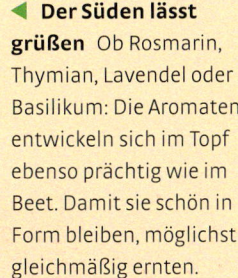

◀ **Lemon-Basilikum** Ein Basilikumkraut, das intensiv nach Limonen duftet. Sein Aroma vereint sich wunderbar mit Süßspeisen.

▼ **Tee-Kultur** Frisch geerntete und aufgebrühte Kräuterblüten und -blätter ergeben ein besonders leckeres Getränk.

◀ **Der Süden lässt grüßen** Ob Rosmarin, Thymian, Lavendel oder Basilikum: Die Aromaten entwickeln sich im Topf ebenso prächtig wie im Beet. Damit sie schön in Form bleiben, möglichst gleichmäßig ernten.

Kein Garten ohne Kräuter

Von Anis bis Zitronenmelisse gibt es unzählige Würz- oder Heilkräuter, die sich bestens in nahezu alle Themenbereiche des Gartens einfügen lassen, sei es im Nutzgarten oder in Blumenbeeten. Selbst am Sitzplatz, in Blumenrabatten, im Steingarten und Terrassenbeet sowie auf lichtdurchfluteten Baumscheiben lässt sich einiges machen. Als Unterpflanzung für Obstgehölze zum Beispiel eignet sich die Kapuzinerkresse sehr gut. Bei ausreichend Licht wird sie sich dort im Nu zu einem prachtvollen Hingucker entwickeln. Mit entscheidend für das optimale Wachstum der Kapuzinerkresse ist,

dass sie ausgewogen und nicht übermäßig gedüngt wird, sonst investiert sie zu viel Kraft in die Blattbildung, was wiederum die Blütenbildung hemmt. Richtig miteinander kombiniert, begünstigen sich die einzelnen Pflanzengruppen nicht nur im Wachstum. Mit dem optimalen Partner an der Seite können sich Pflanzen gegenseitig gesund erhalten oder vor Schädlingen schützen. Dies geschieht vorwiegend durch Wurzelausscheidungen und Düfte. In Kräutern enthaltene ätherische Öle können Schädlinge abwehren und Nützlinge anziehen.

Die Superstars fürs Kräuterbeet

Überall dort, wo in den Beeten noch etwas Farbe fehlt oder Sie für etwas mehr Aufsehen sorgen wollen, bieten sich höher wachsende und blütenstarke Pflanzen an. Dazu gehören zum Beispiel Anisysop (*Agastache foeniculum*), Lemonysop (*Agastache mexicana*), Indianernessel (*Monarda didyma*), Ringelblumen (*Calendula officinalis*), Dill (*Anethum graveolens*), Bronze-Fenchel (*Foeniculum vulgare* 'Purpurascens') oder der äußerst aparte Muskateller-Salbei (*Salvia sclarea*). Diese imposante am Mittelmeer heimische Pflanze verströmt an warmen Tagen ein ganz berauschendes Parfüm und fasziniert je nach Sorte durch rot-violette oder weiße Hüllblätter.

Äußerst attraktiv lassen sich Beete und Rabatten auch mit Sonnenhut (*Echinacea purpurea*) gestalten, besonders wenn die Kräuter in größeren Gruppen stehen. Sonnenhut macht sich wunderschön in Staudenbeeten, im Bauerngarten sowie in Gesellschaft von immergrünen Kleingehölzen wie Buchs-Kugeln, Scheinzypresse, Zuckerhut-Fichte oder kegelförmig geschnittenen Lorbeerbäumchen.

Gesunde Mischkultur: Gemüse und Kräuter

Empfehlenswerte Nachbarschaften:

▶ **Basilikum** wirkt sich positiv auf Gurken und Tomaten aus.

▶ **Bohnenkraut** neben Buschbohnen wehrt Läuse ab.

▶ **Borretsch** zwischen Kohlgemüsen wehrt Kohlschädlinge ab.

▶ **Knoblauch** neben Erdbeeren beugt Pilzerkrankungen vor und schützt vor Wühlmäusen.

▶ **Lavendel** schützt Gemüse vor Blattläusen.

▶ **Kapuzinerkresse** neben Kartoffeln begünstigt das Wachstum der Knollen.

▶ **Kerbel** zwischen Radieschen und Blattsalaten soll Schnecken, Blattläuse und Ameisen fernhalten.

▶ **Koriander und Kümmel** passen gut zu Möhren und Gurken.

▶ **Petersilie und Schnittsellerie** harmonieren bestens mit Tomaten.

◀ **Bauerngartenromantik inklusive**
Dieses Prachtbeet zeigt eine gelungene Mischung aus Kräutern und Zierpflanzen. Im hinteren Bereich dominieren Frauenmantel und Lavendel. Wichtig: Teilen sich Kräuter und Zierpflanzen wie hier ein Beet, bitte auf chemische Pflanzenschutzmittel verzichten.

▶ **Schöne Gesellschaft** Majoran (links) und Lavendel (rechts) fühlen sich wie die gelb blühende Königskerze *(Verbascum)* sichtbar wohl.

▶ **Gelungener Auftritt** Hier gibt es viel zu entdecken: Indianernessel (links, rechts und im Gefäß blühend), Minze (rechts, ganz hinten), Dost (davor) und weiß blühendes Mutterkraut geben ein wunderschönes Bild ab.

▲ **Vielfalt auf kleinem Raum** Vor dem blühenden Holunderbusch haben sich allerlei Topfkräuter angesammelt.

▶ **Mischkultur** Die Wurzelausscheidungen der Ringelblume *(Calendula officinalis)* halten den Boden gesund.

Kräuterglück will geplant sein

▶ **Ton wärmt** Die Beet-einfassung aus Terrakotta ist nicht nur dekorativ. Sie speichert auch Wärme, was den Aromaten abends zugutekommt.

▲ **Rustikal** Am Fuße des Weidenzauns entwickelt sich eine aparte Bordüre mit silberblättrigem Heiligenkraut *(Santolina chamaecyparissus)*; dahinter als Abgrenzung zum Gemüsebeet: mooskrause Petersilie.

◀ **Was für ein opulentes Beet!** Wird sehr dicht bepflanzt, ist es wichtig, die Kräuter regelmäßig zu stutzen und, wenn es sein muss, den Wurzelstock zu teilen.

▼ **Beeteinfassung aus Eisen** Bald wird der purpurfarbene Salbei *(Salvia officinalis 'Purpurascens')* den Metallzaun überragen und ihm die Strenge nehmen.

Es gibt unzählige Gestaltungsmöglichkeiten, um Kräuter und Gewürze in den Garten zu integrieren. Ist genügend Platz vorhanden, bietet sich natürlich ein klassischer Kräutergarten an, zum Beispiel rechteckig oder quadratisch angelegt und umsäumt von einer niedrigen Buchshecke. Doch Kräuter müssen keinesfalls nur unter sich bleiben. Ganz im Gegenteil, sie lassen sich auch prima im Gemüsebeet oder Ziergarten platzieren. Zu den wichtigsten Kriterien für gesundes und zufriedenstellendes Wachstum gehört in jedem Fall der richtige Standort. Das heißt, die individuellen Lichtbedürfnisse müssen unbedingt erfüllt werden, sonst werden sich die Aromaten nur sehr unzureichend entwickeln. Die meisten Kräuter und Duftpflanzen bevorzugen es sonnig und warm. Sie brauchen einen leichten, gut durchlässigen Boden.

Wer Kräuter nicht nur ihrer Schönheit wegen anbaut, sondern sie täglich zum Verfeinern und Würzen von Speisen, zum Aufbrühen von Tees oder zur Herstellung von Hausmitteln benutzt, tut gut daran, zumindest seine Favoriten in Küchen- bzw. Hausnähe zu platzieren. Das erspart lange Wege. Sinnvoll ist es auch, die Gebräuchlichsten an den Beetrand zu pflanzen und im Beetinnern Trittplatten zu verlegen, so dass man jederzeit mehr oder weniger sauberen Fußes ernten kann.

Ein wahrlich sinnliches Vergnügen

Die Auswahl ist immens groß. Kenner und Feinschmecker wählen Kräuter ganz gezielt nach ihren individuellen Bedürfnissen und Vorlieben aus. Einsteiger hingegen lassen sich vor allem vom Gefühl, der Schönheit und sehr häufig auch vom einmaligen Duft verführen. Viele kennen zwar die Standardkräuter wie Schnittlauch, Petersilie oder Salbei, Thymian und Oregano, dennoch sind sie hin und weg, wenn sie erkennen, dass es von vielen dieser Klassiker nicht nur eine Art oder Sorte gibt, sondern gleich einen ganzen Familienclan.

Süßkraut oder Thymian gefällig?

Wer bei Freunden und Bekannten Eindruck schinden möchte, sollte sich auf jeden Fall auch einige Raritäten zulegen. Zum Beispiel gibt es in der Thymian-Familie ein paar ganz besondere Schätze wie den weiß-bunten Zitronen-Thymian (*Thymus × citriodorus* 'Variegatus'): Er duftet einerseits wunderbar nach Zitrone und ist dank seiner weiß-bunten Blätter ein wahrer Hingucker. Als ein verblüffender Nasenschmeichler fällt der Orangen-Thymian (*Thymus vulgaris* var. *fragrantissimus*) auf. Sowohl hübsch anzusehen als auch ein prima Würzkraut ist Kümmel-Thymian (*Thymus herba-barona*), der seinem Namen alle Ehre macht. Mit nur 5 cm Höhe bildet diese kriechende Art winterharte Matten und überrascht im Sommer mit einem attraktiven, dichten Blütenteppich in Karminrosa. Eine weniger würzige, dafür erfrischend spritzige Note bietet Zitroniger Kümmel-Thymian (*Thymus herba-barona* var. *citriodorus*).

Wer gerne nascht und dabei Zucker einsparen möchte, sollte sich unbedingt ein paar Süßkräuter zulegen. Stevia (*Stevia rebaudiana*) ist optisch betrachtet ein eher unscheinbares Gewächs, jedoch ein intensives Süßungsmittel, das völlig kalorienfrei süßt. Verwendet werden am besten ältere Blätter – frisch oder getrocknet –, sie haben die meiste Süßkraft. Nicht ganz so intensiv: das Aztekische Süßkraut (*Lippia dulcis*). Seine kleinen, weißen Blütchen verströmen zudem einen intensiven Honigduft. Was die Dosierung der beiden Süßkräuter betrifft, so gibt es keine Faustregel, das müssen Sie individuell austesten. Beide sind jedoch nicht winterhart, deshalb am besten im Kübel halten.

Salbei – mehr als nur würzig

▶ Zu den attraktivsten Salbei-Neuheiten gehören Fruchtsalvien wie Ananas- oder Pfirsich-Salbei. Da sie nicht winterhart sind, unbedingt im Topf ziehen und frostfrei überwintern.

Geometrische Beetformen sind im Kommen

Ein ornamentaler Kräutergarten bietet nicht nur Genuss für Körper, Geist und Seele, sondern vor allem auch etwas fürs Auge. Das Besondere an dieser strengen Gestaltungsform, die im Barock Teil der Herrschaftsarchitektur äußerst populär war, ist alles andere als alltäglich und lässt den Betrachter zunächst einmal fasziniert innehalten. Ein wenig kann man formale Beete oder Gärten mit einem aus verschiedenen Garnen kunstvoll gestrickten Pullover oder einer aus Stoffresten gefertigten Patchworkdecke vergleichen. Das sind ebenfalls Objekte, auf die man zu Recht sehr stolz sein kann, wenn man sie zu Ende gebracht hat. Allerdings: Ein ornamental gestaltetes Beet braucht viel Aufmerksamkeit und eine strenge Hand.

Der Kreativität sind keine Grenzen gesetzt

Die Rahmenbedingungen eines formalen Gartens oder Beetes lassen keine großen Veränderungen zu. Das optische Bild ist durch eine streng geometrische Aufteilung geprägt, die aus miteinander kombinierten Dreiecken, Quadraten, Kreisen oder Rechtecken besteht. Wesentlich aufwändiger, aber ganz bezaubernd, ist die Wirkung von verschlungenen Mustern, siehe Foto rechts unten. Wichtig ist hier vor allem ein regelmäßiger und akkurater Schnitt, damit sich die Pflanzen möglichst reich verzweigen und die Muster somit mehr oder weniger lückenlos aufschließen und stets schön in Form bleiben.

◀ **Sonnen-Beet** (1) Dill (*Anethum graveolens*), (2) Krause Petersilie (*Petroselinum crispum*), (3) Zwerg-Oregano (*Origanum vulgare* 'Compactum'), (4) Wald-Erdbeere (*Fragaria vesca*), (5) Salbei (*Salvia officinalis* 'Tricolor'), (6) Sonnenhut (*Echinacea purpurea*), (7) Anis (*Pimpinella anisum*), (8) Begrannter Ysop (*Hyssopus aristatus*), (9) Kreta-Majoran (*Origanum dictamus*), (10) Rosmarin (*Rosmarinus officinalis*), darunter Tuffs mit Zitronen-Thymian (*Thymus × citriodorus*) und Hauswurz (*Sempervivum tectorum*), (11) Lavendel (*Lavandula angustifolia* 'Munstead'), (12) Muskateller-Salbei (*Salvia sclarea*), (13) Kapuzinerkresse (*Tropaeolum majus*), (14) Berg-Bohnenkraut (*Satureja montana*), (15) Honigmelonen-Salbei (*Salvia elegans*), (16) Ananas-Salbei (*Salvia rutilans*), (17) Peruanischer Salbei (*Salvia discolor*)

Für welche Einteilung Sie sich entscheiden, ist zum einen Geschmackssache und zum anderen eine Frage der Zeit, die Sie für den Garten bzw. dessen Pflege aufbringen möchten oder können.

Das Wichtigste ist die Planung

Ein ornamentaler Garten will gut geplant sein. Am besten erarbeiten Sie zunächst einmal auf kariertem Papier einen Entwurf, den Sie mit einem quadratischen Raster (40 oder 45 cm pro Quadrat) ansetzen. Damit lässt sich gut gestalten, weil viele Kräuter nicht mehr Platz brauchen, aber auch nachpflanzen, wenn ein Beet mal abgeerntet ist oder eine Pflanze eingeht. Zur Beeteinteilung verwenden Sie am besten Schnüre und Haken, dann kommt es bei der Bepflanzung zu keinen größeren Überraschungen. Auf harmonische Abstufungen und Übergänge ist unbedingt zu achten. Hoch wachsende Kräuter wie Artischocke *(Cynara cardunculus)*, Koreanische Minze *(Agastache rugosa)*, Lemonysop *(Agastache mexicana)*, Echter Alant *(Inula helenium)*, Sonnenhut *(Echinacea purpurea)*, Fenchel *(Foeniculum vulgare)* oder Dill *(Anethum graveloens)* sollten möglichst hinten bzw. so platziert werden, dass sie anderen Kräutern nicht die Show stehlen. Bereits ein oder zwei verschiedene dieser Leitpflanzen sind ausreichend.

Im Blickpunkt: die Mittelachse

Für die Mitte bieten sich ein bepflanzter Kübel, ein Brunnen, ein Rankspalier mit Kapuzinerkresse, ein kugelförmiges Lorbeerbäumchen oder ein Rosenhochstämmchen an. Passend dazu ist eine Unterpflanzung mit Zitronen-Thymian *(Thymus × citriodorus)* oder Kümmel-Thymian *(Thymus herba-barona)*. Wer es gemütlich mag, platziert hier eine Bank aus Stein oder einen wetterfesten bequemen Stuhl. Sehr dekorativ wirkt auch eine Aufschüttung mit abgerundeten Natursteinen, wie man sie in Flussauen findet.

▲ **Wie romantisch!** Blaue Borretschblüten umgarnen die orangefarbene Ringelblume.

▶ **Thymian-Treffen**
Dieses geometrische Mini-Gärtchen kann bei Bedarf auch anderswo platziert werden – Hauptsache, es steht sonnig.

▼ **Mustergarten** Es gibt viele Beispiele zur Anlage ornamentaler Gärten: je schwieriger die Muster, umso größer der Pflegeaufwand.

Bei den Klassikern tut sich was

◀ **Hin und her gerissen** Bei Muskateller-Salbei weiß man gar nicht, was mehr fasziniert: der Duft oder die Blüte?

▶ **Schön in Form** Fenchel, Kohl, Thymian und gelb blühende Tagetes (von hinten nach vorn) ergänzen sich wunderbar.

▶ **Stattliche Schönheit** Die Winterhecken-Zwiebel *(Allium fistulosum)* ist winterhart; die grünen Röhrenblätter können nahezu ganzjährig geerntet werden.

▼ **Umzingelt** Mehrfarbiger Salbei *(Salvia officinalis* 'Purpurascens') fühlt sich in Gesellschaft der Stauden sichtbar wohl.

◀ **Top-Modell** Schopf-Lavendel *(Lavandula stoechas)* zählt unbestritten zu den schönsten Lavendel-Arten.

Mit einer unaufhörlich wachsenden Sortenvielfalt rückt der dekorative Wert vieler Küchenkräuter immer stärker ins Rampenlicht. Dabei spielen vor allem die traditionellen Arten mit ihrem enormen Formen- und Farbenreichtum eine große Rolle. Es spricht nichts dagegen, Basilikum, Bohnenkraut, Borretsch, Kapuzinerkresse, Kerbel, Pfefferminze, Rosmarin, Salbei, Thymian & Co. in erster Linie wie Zierpflanzen nach optischen Gesichtspunkten auszuwählen. Ihre Geschmacksvielfalt und die Verwendungsmöglichkeiten bleiben dabei unberührt. Dass keine Langeweile aufkommt, garantieren nicht nur ihre speziellen Würzeigenschaften und der individuelle Duft, sondern auch die Schönheit ihrer Blüten und der dekorativen, aromatischen Blätter.

Salbei – ein Genuss für Auge, Nase und Gaumen

Falls Sie sich bisher mit Würzpflanzen noch nicht näher beschäftigt haben, werden Sie beim Besuch einer gut sortierten Kräutergärtnerei erstaunt sein, wie viele verschiedene Arten und Sorten es von den etablierten Kräutern mittlerweile gibt. Allein von Salbei sind es über drei Dutzend.

Ob solo oder in Gesellschaft von bunten Sommerblumen, Blütenstauden oder anderen Kräutern: Salbei sorgt immer für einen großartigen Auftritt. Denn er präsentiert seine verschiedenen Arten und Sorten nicht nur mit grünen, teils samtigen Blättern, sondern auch mit goldgelbem, silbernem, purpurrot überhauchtem und sogar mehrfarbig panaschiertem Laub. Immer wieder ein toller Hingucker sind vor allem seine Blütenähren in elegantem Weiß, schickem Rosa, himmlischem Blau, nuancenreichem Violett oder feurigem Rot. Besonders an sonnigen Plätzen, wo sich der ein-, zwei- oder mehrjährige Halbstrauch gerne in Szene setzt, ist die persönliche Auswahl nach Farben mehr als nur Geschmackssache. Positionieren Sie das Multitalent möglichst in Riechweite: Das Aroma reicht von würzig (z. B. bei Griechischem Salbei) bis fruchtig (bei Ananas-, Honigmelonen- oder Muskateller-Salbei).

Kräuter für Genießer

▶ **Französischer Estragon** (*Artemisia dracunculus*): Passt wunderbar zu Fisch- und Geflügel-Gerichten sowie in die Sauce Bernaise.
▶ **Koriander** (*Coriandrum sativum*): Sehr aromatische einjährige Pflanze. Verwendet werden junge, frische Blätter (ähneln vom Aussehen her ein wenig glatter Petersilie). Damit das Aroma nicht verloren geht, Korianderblätter erst am Ende der Garzeit hinzufügen.
▶ **Lavendel** (*Lavandula* spec.): Wird gerne zum Aromatisieren von Zucker, Kuchen und Konfitüren verwendet.
▶ **Shiso** (*Perilla frutescens*): Japanisches Trendkraut, würzt vorzüglich Suppen und Soßen.
▶ **Schnittknoblauch** (*Allium tuberosum*): Hat im Gegensatz zum normalen Schnittlauch grasartige Blätter und verfügt über ein intensives Knoblaucharoma; treibt im Spätsommer attraktive weiße Sternblüten.

Beeindruckende Basilikum-Vielfalt

Auch andere Würzkräuter haben einiges zu bieten. Basilikum zum Beispiel. Neben dem nach wie vor bekanntesten und am häufigsten verwendeten Genoveser Basilikum (*Ocimum asilicum* 'Genovese') – besonders für Pesto und Tomatensalate zu empfehlen – sind zunehmend Basilikumkräuter mit untypischen Aromen auf dem Markt. Verblüffend zum Beispiel Lemon-Basilikum, das wunderbar in der Dessertküche eingesetzt werden kann und auch Duftpotpourris oder -säckchen eine erfrischende Komponente verleiht. Sehr dekorativ sind die folgenden Auslesen: Dunkelrotes Basilikum (*Ocimum basilicum* 'Osmin') sowie Zimt-Basilikum (*Ocimum basilicum* 'Cinnamomum'). Letzteres besticht durch bezaubernde Blütenstände. Mit einem außergewöhnlichen Zierwert verblüfft Grünkrauses Basilikum (*Ocimum basilicum* 'Green Ruffles').

Top-Kräuter für Feinschmecker

Obwohl inzwischen nahezu alle Küchen- und Würzkräuter tiefgefroren oder getrocknet angeboten werden, sind diese geschmacklich nicht wirklich mit den frischen Ernten aus Beet oder Topf zu vergleichen.

Petersilie – ein unverzichtbares Muss für alle Köche

Das Universalkraut würzt nicht nur vorzüglich, sondern wird auch gerne zum Dekorieren eingesetzt. Ein Sträußchen der Krausen Petersilie kann „Forelle blau" ebenso herausputzen wie eine Käseplatte oder den Wursteller. Sie ist relativ strukturstabil; während die glatte, großblättrige Sorte wegen ihres feinen Aromas häufiger in Gerichten verwendet wird.

Schnittlauch – Blüten zum Anbeißen

Als schmückendes Beiwerk findet sich auch der Schnittlauch auf vielen Tellern wieder. Wobei seine violetten Kugelblüten ebenfalls ein Genuss für Auge und Gaumen sind. Das diskrete Zwiebelaroma ist zudem in Suppen, Gemüsebrühen, Eierspeisen (z. B. Rührei) und deftiger Hausmannskost konkurrenzlos.
Wer's allerdings etwas vollmundiger mag, reserviert ein schönes warmes Plätzchen im Kräuterbeet für den aus Ostasien stammenden Schnittknoblauch. Über seinen grasähnlichen Tuffs schweben im Juli/August auf 40 cm hohen Stängeln attraktive, weiße Blütenkugeln, die zart nach Rosen duften.

Allround-Talent Dill

Er ist nicht nur zum Einlegen von Gewürzgurken unverzichtbar, seine filigranen und sehr aromatischen Blätter peppen auch Salate und Soßen auf. Der Clou sind jedoch seine schirmartigen Blüten und Samenstände, die längst auch von Floristen für extravagante Kreationen entdeckt wurden.

Imposanter Fenchel

Ein ähnliches Schmuckstück ist der stattliche Gewürz-Fenchel. Aus einem kleinen Samenkorn entwickelt er innerhalb von wenigen Wochen mannshohe Stängel mit wunderschönen filigranen Blättern und attraktiven gelben Blütendolden. Die rotblättrige Form, der Bronze-Fenchel (*Foeniculum vulgare* 'Rubrum'), kann zusätzlich mit Farbe auftrumpfen und ist daher auch als Zierpflanze eine Augenweide. Nicht zu vergessen ist der Genuss für Nase und Gaumen. Denn alle Pflanzenteile duften und schmecken intensiv nach Anis.
Ein Aroma, das sich bereits im Säuglingsalter mit Fencheltee unauslöschbar in unser Unterbewusstsein eingeprägt hat: meistens positiv, bei manchen aber auch negativ. Was in diesem Fall sehr schade ist, auch wegen des leckeren und ebenfalls sehr gesunden Gemüse-Fenchels (auch als Knollen-Fenchel bekannt), der als Gemüse nicht zu verachten ist.

Auf kleinstem Raum ganz groß

Fehlt der Platz für einen separaten Kräutergarten, ist das nicht weiter schlimm. Oft genügt schon eine kleine sonnige Ecke von ein oder zwei Quadratmetern, um darin in Reichweite die wichtigsten Würzpflanzen anzubauen – in Form eines dekorativen Dreiecks, einer Raute oder als schlichter Kreis. Der Boden sollte locker, durchlässig und nicht zu nährstoffreich sein. Schwere Erde können Sie leicht mit etwas Sand auflockern.

◀ Aromatische Südländer unter sich
Basilikum, Lavendel, Rosmarin, Salbei, Thymian und Oregano fühlen sich auf der Etagere sichtbar wohl. Täglich gießen!

▼ Lecker für Desserts Zitronenmelisse *(Melissa officinalis)* harmoniert gut mit Süßspeisen und passt an Bowlen. Leider verflüchtigt sich ihr Aroma durchs Erhitzen.

▼ Gut in Form Krause Petersilie *(Petroselinum crispum)* behält im Gegensatz zur Glatten Petersilie nach der Ernte stundenlang ihre Form. Sie eignet sich prima zum Dekorieren.

▶ Flexibel Frisches Dillkraut ist ein super Partner für Fisch, Eierspeisen, Salate, Suppen und Gemüse; die würzigen Samen eignen sich zum Einlegen für Chutneys und Essiggurken.

▶ Würziges Basilikum Das beliebte wärmeliebende Tomatenkraut gibt es in den unterschiedlichsten Sorten und Geschmacksnuancen.

Verführerisch schön: Pflanzen im Rampenlicht

Es gibt ein unglaublich großes Heilpflanzen- und Kräuterspektrum, das problemlos im heimischen Garten herangezogen werden kann. Stets willkommen sind besonders würzige Kräuter. Diese werden derzeit sicherlich angeführt von der stetig wachsenden Basilikum-Familie und den Fruchtsalvien. Von Letzteren kann kaum eine Schnuppernase genug bekommen. Doch sie fallen nicht nur wegen ihrer exotischen Düfte auf, auch ihre Blüten sind aufsehenerregend. Zu den betörendsten Basilikum-Spielarten gehören Zimt-Basilikum (*Oscimum basilicum* 'Cinnamomum'). Seine wohltuende zimtige Note ist auch nach dem Trocknen noch wahrzunehmen. Wunderbar für die Pestozubereitung eignet sich das kleinblättrige Busch-Basilikum (*Ocimum basilicum* var. *minimum*). Außergewöhnlich präsentiert sich auch der Peruanische Salbei *(Salvia discolor)* mit seinen weiß-filzigen Blättern und den tiefvioletten Blüten. Die Stängel allerdings sind klebrig und die Blätter duften nach Menthol. Ein weiterer attraktiver Salbei-Vertreter ist der Strauch-Salbei *(Salvia heeri)*. Er blüht bereits ab Mai leuchtend rot. Die duftenden Blüten und Blätter können zum Kochen bzw. Verfeinern oder als essbare Deko in der Küche verwendet werden.

▼ **Pfirsich-Salbei** *(Salvia greggii* 'Syringa') ist nicht winterhart, deshalb im Kübel halten. Besonders schön: die rosafarbenen Blüten und der Pfirsichduft der Blätter.

▶ **Erfrischend** Die Cidre-Bowle mit Apfelstückchen, anderen Früchten sowie Pfefferminze oder Zitronenmelisse ist ein wunderbares Getränk für warme Abende.

Unter den Lavendel-Arten will ich Ihnen vor allem den Provence-Lavendel (*Lavandula × intermedia* 'Grappenhall') empfehlen. Er besticht durch bezaubernde silbrige Blätter und lange Blütenstängel. Immer eine Augenweide: Schopf-Lavendel (*Lavandula stoechas*). Sein Blattduft erinnert an eine Mischung von Minze, Kampfer und Rosmarin.

Vielseitige Monarde

Von ganz bezauberndem Liebreiz zeigt sich die Wilde Monarde *(Monarda fistulosa)*. Ihr intensives Blattaroma kann prima zum Würzen von Fleischgerichten verwendet werden oder für die Zubereitung von Kräutertees. Sehr schön ist auch ein Strauß mit Monarda, Katzenminze, ein paar Ringelblumenstielen, zusammen mit Gräsern und einigen Salbeizweigen, z. B. von *Salvia officinalis* 'Berggarten' oder 'Tricolor'.

Weitere Sommer-Stars für Topf und Beet

Name	Wuchshöhe	Blütezeit
Chinesische Stockrose (*Alcea rosea*)	120–200 cm	VII–VIII
Chili 'Martinique' (*Capsicum frutescens*)	40–60 cm	III–VI
Artischocke (*Cynara scolymus*)	100–150 cm	VI–IX
Sonnenhut (*Echinacea purpurea*)	60–100 cm	VII–IX
Zitronenmelisse (*Melissa officinalis* 'Variegata')	50–80 cm	VI–VIII
Heiliges Basilikum, Tulsi (*Ocimum sanctum*)	40–60 cm	VI–VIII
Goldtopf-Majoran (*Origanum onites* 'Aureum')	40–60 cm	VI–VIII
Italienischer Oregano-Thymian (*Thymus* spec.)	20–30 cm	VII–VIII
Eisenkraut (*Verbena officinalis*)	60–80 cm	VII–VIII

▲ **Dekorative Blütenquirle** Nicht nur Bienen und Hummeln stehen auf Polei-Minze *(Mentha pulegium)*!

▶ **Unwiderstehlicher Anisduft** Die Süßdolde wird leider viel zu selten angebaut.

▲ **Senkrechtstarter** Duftnessel-Blüten sind einfach bezaubernd.

Elegant bis in die Spitzen

Silberlaubige Kräuter sind ausdrucksstarke Persönlichkeiten und warten nur darauf, dass man sie gebührend in Szene setzt.

Edler Auftritt

Von Mini bis Maxi sind das in erster Linie die vielseitigen Edelrauten. Einen flauschigen, streichelzarten Teppich breitet beispielsweise der Zwerg-Wermut (*Artemisia schmidtiana* 'Nana') aus, während die Silberraute (*Artemisia ludoviciana* 'Silver Queen') einen imposanten Busch bildet. Hoch hinaus will auch der Silberstrauch-Wermut (*Artemisia arborescens* 'Powis Castle'), der mit seinem gefiederten und aromatisch duftenden Silberlaub im Beet wie im Topf ein besonderer Blickfang ist. Ein Solo-Auftritt gebührt dem Wermut (*Artemisia absinthium*), der süßaromatisch duftende Blätter und meterhohe Stängel hervorbringt. Spontan denkt man bei dieser imposanten Erscheinung an einen wunderschönen Kontrast mit buntlaubigen Pflanzen, die sich ihr gern zu Füßen legen. Wie beispielsweise die Walzen-Wolfsmilch (*Euphorbia myrsinitis*), die sich mit ihren blaugrünen, walzenförmigen Trieben liegend ausbreitet und im April/Mai mit hellgelben Blütenständen schmückt. Da in der Natur Wolfsmilch und Eberrauten oft in trauter Nachbarschaft anzutreffen sind, ergänzen sich im Gartenbeet auch 'Powis Castle' und die Palisaden-Wolfsmilch (*Euphorbia characias*) bestens.

Etwas Farbe gefällig?

Silberlaubige Pflanzen profitieren von Kombinationen mit violett, purpurfarben oder pink blühenden Stauden. Das können Steingartenpflanzen sein, die Trockenheit lieben, aber auch Zwiebelblumen, die von Frühling bis Herbst ihre schönsten Vertreter ins Spiel bringen. Für Farbakzente sind die verschiedenen Zierlauch-Arten zu haben. Genauso gut passen Edeldisteln (*Eryngium*) und Kugeldisteln (*Echinops*) mit ihren stahlblauen Blütenköpfen zu *Artemisia* und Co. So wie die Edelrauten haben auch Lavendel in unzähligen Arten und Sorten, Heiligenkraut (*Santolina chamaecyparissus*), Currykraut (*Helichrysum italicum*), Thymian oder Salbei (z. B. *Salvia officinalis* 'Berggarten') durch ihre silbrige Vielfalt immer und überall einen großartigen Auftritt. Wie schön sie mit warmen Farben harmonieren, zeigt sich besonders gut auf Balkonen und Terrassen mit Klinkerböden, bei Terrakotta-Gefäßen sowie Möbeln in den verschiedensten Holzarten – wobei Teak mit seiner typischen, silbergrauen Patina besonders beliebt ist.

Eine besonders interessante Erscheinung ist der Indianische Räucher-Salbei (*Salvia apiana*), der über einen Meter hoch wird. Während die Pflanze ganzjährig silbergrau leuchtet, sind im Mai und Juni sehr lange Blütenrispen mit kleinen Lippenblüten in zartem Lila ein toller Hingucker – zwei überzeugende Gründe für eine Karriere als Kübelpflanze.

Am richtigen Platz entwickelt sich auch Griechischer Bergtee (*Sideritis syriaca*) zum viel beachteten Kübel-Star. Einerseits sorgen seine graufilzigen Blätter für Aufsehen und andererseits die langen, gelben Blüten.

Düfte auf Tuchfühlung

Die Blätter vieler Silberlaubigen verströmen einen aromatischen und meistens sehr angenehmen Duft. Ein Genuss für Auge und Nase gleichermaßen sind die weiß panaschierten Blätter der robusten Bergminze (*Calamintha grandiflora* 'Variegata'). Deshalb sollte man sie unbedingt in Sitzplatznähe ansiedeln.

◀ **Im Farbenrausch** Solch harmonische Farbverläufe kann nur die Natur hervorbringen – diese Mischung aus Violett, Rosé- und Blau-Tönen tut der Seele gut.

▼ **Winterharte, silbrige Duftpflanze**
Die zarten nadelförmigen Blätter des Currykrautes *(Helichrysum italicum)* duften nach einem warmen Sommerregen besonders intensiv.

▶ **Schmeckt zu Blattsalaten**
Der Geschmack der Austernpflanze mit den blaugrünen, dickfleischigen Blättern erinnert an einen Mix von Austern und Borretsch.

▶ **Perfektes Trio** Blau blühender Lavendel, Sonnenhut (eine indianische Heilpflanze) und Beifuß: am richtigen Standort, warm und sonnig, entwickeln sie sich prächtig.

▲ **Interessanter Bodendecker** Silber-Wermut *(Artemisia ludoviciana)* besticht vor allem durch seine silberlaubigen Blätter und das angenehme Wermutaroma.

Bauerngarten – ein Garten der Vielfalt

► **Landleben pur** Heilpflanzen, Kräuter und Gemüse könnten nicht schöner miteinander harmonieren: u. a. Schafgarbe, Borretsch, Indianernessel, Oregano.

◄ **Umzingelt** Borretsch, Kapuzinerkresse und Schnittlauch versammeln sich um das dekorative Weidenspalier.

▼ **Wegekreuz** Niedrig gehaltene Buchshecken rahmen attraktive Beete mit Beifuß, Ringelblumen und Pfingstrosen ein.

▲ **Was fürs Herz** Spalierobstbäumchen mit Äpfeln und Birnen werden angeleuchtet von orangefarbenen Kapuzinerkresseblüten. Dahinter: blau blühender Borretsch.

Typische Merkmale eines traditionellen Bauerngartens sind schmale Beete, die sich bequem von beiden Seiten bearbeiten lassen, und geradlinige, für Schubkarren geeignete Wege. In Anlehnung an die klassische Form der Klostergärten findet man darin aber auch Beete in geometrischen Figuren wie Quadrate, Rauten und Dreiecke. Selbst wenn für den einfachen Nutz- und Küchengarten weniger Aufwand betrieben wird: Auf die herausragende, dekorative Mitte eines Wegekreuzes wird selten verzichtet. Das kann ein Brunnen oder eine einfache Wasserstelle sein, super sieht auch ein Rosenhochstämmchen aus. Und je nach Geschmack kann im Zentrum auch ein Lorbeerbäumchen im Kübel stehen, das zusätzlich Würze für die Küche liefert.

Aber selbst eine schlichte und blockweise Bepflanzung der Beete ergibt ein attraktives Muster, da die unterschiedlichen Gemüsearten einen farbenfrohen, abwechslungsreichen Teppich bilden. Wichtig ist nur, dass man in gemischten Beeten die unterschiedlichen Bedürfnisse der einzelnen Arten berücksichtigt.

Gesunde und reiche Ernte

Auf engstem Raum wurde früher im Bauerngarten Gemüse für eine meist große Familie angebaut. Heute sind die Gärten eher klein. Und das Heranziehen von Gemüse ist keine Frage der Rundum-Selbstversorgung mehr, sondern eher ein Genuss-Faktor. In jedem Fall ist Gemüse aus dem eigenen Garten gesünder und ertragreicher, wenn darin Kräuter – neben ihrem kulinarischen, medizinischen und dekorativen Wert – auch eine Beschützerfunktion übernehmen. Hilfreich sind da die Erfahrungswerte von vielen Generationen. Doch lassen sich diese nicht vereinheitlichen, da sie je nach Boden und Klima etwas anders ausgefallen sind.

Das Miteinander gut planen

Nachweislich kann Schnittlauch die Möhrenfliege vertreiben; Ysop und Salbei wehren beispielsweise den Kohlweißling ab. Ringelblumen und Studentenblume (Tagetes) halten im Boden Drahtwürmer sowie Wurzel- und Stängelälchen (Nematoden) fern. Zudem sind sie ideale Nachbarn für Brokkoli, Salate und Tomaten. Basilikum verringert die Gefahr von Mehltau-Befall und sollte daher unbedingt zu Tomaten, Paprika, Zucchini und Gurken gepflanzt werden. Borretsch scheidet bestimmte Wurzelstoffe aus, welche das Wachstum von Erbsen, Kohl und Kohlrabi und letztendlich auch deren Widerstandskraft fördern. Außerdem bringen Erdbeeren in seiner Nähe einen besseren und höheren Ertrag. Majoran und Oregano fördern Wachstum, Duft und Aroma aller benachbarten Kräuter und Gemüsesorten. Gut ist es aber auch zu wissen, welche Partner sich überhaupt nicht mögen: Kopfsalat und Gurken schwächeln zum Beispiel in der Nähe von Petersilie und Kresse. Bei Bohnen, Erbsen und Kohl sind Schnittlauch und Knoblauch äußerst unbeliebt. Zudem mag Fenchel keinen Koriander in der Nachbarschaft, Basilikum kommt nicht mit Majoran zurecht und Petersilie gedeiht in der Nähe von Kerbel und Dill besonders gut. Siehe auch Tabelle auf Seite 10.

Unter Berücksichtigung positiver und negativer Nachbarschaften kann man einjährige Kräuter einfach zwischen die Gemüsereihen oder an abgeernteten Stellen aussäen. Dabei muss man daran denken, dass Gemüsepflanzen für einen guten Ertrag reichlich Dünger brauchen – im Gegensatz zu Kräutern, die gerne darauf verzichten. Diese nehmen dadurch zwar keinen Schaden, können aber ihr intensives Aroma verlieren. Daher Dünger am besten nicht großflächig verabreichen, sondern gezielt nur in den Gemüsereihen einarbeiten.

Süße Früchtchen gefällig?

Wenn der Platz ausreicht, vergessen Sie nicht, ein paar Obst-Klassiker zu pflanzen. Empfehlenswert sind: Erdbeeren, ein Johannisbeerstrauch, ein Stachelbeerhochstämmchen, Himbeeren, Brombeeren und vielleicht ein Quittenbaum. Er blüht im Frühjahr ganz bezaubernd und begeistert im Herbst mit wohlduftenden Früchten, aus denen sich köstliches Gelee zubereiten lässt.

Kräuterspirale: Erntespaß auf kleinstem Raum

Eine Kräuterspirale gilt als Klassiker jedes Nutzgartens. Auch wenn sie für ein Designer-Auge eher wie ein grober Steinhaufen aussehen mag, ist sie doch etwas ganz Besonderes. Denn hier lassen sich auf kleinstem Raum problemlos Pflanzen verschiedener Klimazonen unterbringen. Durch spiralförmig – ähnlich einem Schneckenhaus – aufsteigende Steinhaufen werden durch das Einfüllen verschiedener Erden Lebensräume für unterschiedliche Bedürfnisse geschaffen. Somit ist eine Kräuterspirale Steingarten, Trockenmauer und Beet gleichermaßen.

Bauen Sie die Kräuterspirale möglichst an einem windgeschützten Platz. Wenn der nicht gegeben ist, emp-

fiehlt es sich, ihn durch das Pflanzen von Prachtstauden, Sonnenblumen, Stangenbohnen oder Sträuchern etwas zu schützen.

So wird's gemacht

Wie die Fotos unten zeigen, gibt es neben den selbstgemachten Klassikern eine neue Kräuterschnecke, die mit Hilfe von Steckverbindungen und verzinkten Drähten zusammengebaut und mit Steinen aufgefüllt wird. Die Klimazonen bleiben jedoch die gleichen wie bei einer herkömmlich aufgeschütteten Spirale. Das heißt, in der unteren Feuchtzone, die meistens mit einem Teich en-

▶ **Schneckenhausförmig**
Eine Kräuterspirale ist ein von Natursteinen begrenztes, spiralförmiges Beet.

▼ **Verschiedene Klimazonen** Die oberste Zone bietet mediterranen Kräutern optimale Wachstumsbedingungen.

▼ **Schön eingewachsen**
Die Steinmauer verleiht den Aromaten nicht nur Halt, sondern gibt an Sonnentagen gut dosiert die nötige Wärme ab.

Das Bepflanzen der Kräuterspirale

▶ Pflanzzeit ist im Frühjahr oder Herbst.

▶ Am besten platzieren Sie die Kräuter zunächst einmal im Container-Topf auf dem in der Spirale vorgesehenen Bereich. Mit einer Handschaufel ein Loch graben und den Wurzelballen hineinpflanzen; Erde rundum festdrücken.

▶ Danach die Pflanzen vorsichtig (damit die Erde nicht weggespült wird) angießen und bis zum Anwachsen stets für ausreichend Feuchtigkeit sorgen.

det (hier gedeiht zum Beispiel Brunnenkresse prima), fühlen sich vor allem Kerbel, Löffelkraut, Pfefferminze oder Zitronenmelisse wohl. Auf dieser Ebene wird die Spirale mit komposthaltiger Gartenerde gefüllt. Eine

Dränage ist nicht notwendig, dafür muss aber viel gedüngt werden.

Die mittlere sogenannte Normalzone ist ideal für wärme- und sonnenliebende Kräuter wie Dill, Schnittlauch, Bohnenkraut oder Pimpinelle. Der Boden hier muss durchlässig, humos, mit Sand und Kompost angereichert sein.

Im oberen Bereich finden die mediterranen Kräuter ihren Platz. Thymian, Rosmarin, Salbei, Lavendel, Oregano, Basilikum oder Tripmadam entwickeln sich hier besonders prachtvoll. Auch für diesen Bereich gilt: Die Erde muss wasserdurchlässig sein. Sand und Kies sorgen dafür, dass es nicht zu Staunässe kommt.

Wie in jedem anderen Kräuterbeet sollten die würzigen Pflanzen in der Spirale bei anhaltender Trockenheit gegossen, regelmäßig in Form geschnitten und abgeerntet werden. Und nicht vergessen: Hin und wieder muss man den kleinen Teich mit Wasser versorgen, vor allem während Trockenzeiten.

◀ **Perfekt** Diese formschöne Kräuterspirale (Bausatz) braucht einen drei Quadratmeter großen Sonnenplatz.

▶ **Zeit sparen** Im Bausatz sind bis auf die Steine alle Zutaten zum Aufbau der Spirale enthalten.

▶ **Schön aufgeräumt** Diese außergewöhnliche Kräuterspirale aus Gabionen ist ein echter Hingucker.

Formvollendet:
Rahmen für bunte Beete

▼ **Im Landhaus-Look** Zierstauden und Kräuter blühen um die Wette. Mit von der Partie: Thymian, Wermut, Königskerze, Zierlauch und die dekorative Akelei.

▲ **Hübsch eingerahmt** Gold-Oregano und Schnittlauch – muss demnächst geschnitten werden – sorgen für den optischen Halt dieses opulenten Beetes.

▼ **Feine Gesellschaft** Thymian, blühender Schnittlauch und buntblättrige Gold-Zitronenmelisse – eingerahmt von Ringelblumen – sorgen für Aufsehen.

▲ **Tolle Inszenierung** Quadratische Rotkohlbeete sind umgeben von prachtvollen und wohlduftenden Studentenblumen.

Ob geschnitten oder mit ungebremstem Wachstum: Kräuter bieten sich gern als dekorative Einfassung bzw. nützliche und schöne Abgrenzung an. Als kleine Hecken haben sie ordnende wie auch dekorative Funktionen. Die klassische Beeteinfassung im Kräutergarten besteht in der Regel aus langsam wachsendem Buchsbaum. Er verhindert, dass sich die Beetpflanzen zu weit nach außen ausbreiten. Abgrenzungen aus Kräutern übernehmen dieselben Aufgaben, wirken dabei aber viel farbiger. Mit ihrem Laub in unterschiedlichen Grüntönen und teilweise sogar panaschierten Blättern verleihen sie den Beeten ein besonderes Flair.

Was darf's denn sein?

Im Kräutergarten bieten sich Lavendel, Heiligenkraut, Edel-Gamander, Ysop oder Thymian als Einfassungspflanzen an. Da sie niedrige Hecken bilden, können sie die eingefassten Gewächse nicht beschatten. Durch regelmäßigen Rückschnitt erhalten und behalten sie einen kompakten Wuchs und buschige Formen. Diese Pflanzen (s. auch Tabelle) werden ab Mitte April vorsichtig gestutzt. Wobei man Lavendel und Heiligenkraut nicht bis ins alte Holz zurückschneiden darf, sonst treiben die Sträucher nicht mehr aus – lieber öfter nachschneiden. Da sie ständig in Form gebracht werden, kann man von Kräuterhecken reichlich ernten. Daher ist die Auswahl von Einfassungskräutern nicht nur eine optische Frage, sondern auf jeden Fall auch eine Geschmackssache. Im Zweifelsfall wird die Hecke eben rings um das Beet mit den Lieblingskräutern einfach aus verschiedenen Arten und Sorten zusammengesetzt.
Auch blühender Schnittknoblauch sowie Schnittlauch eignen sich mit ihren hübschen Blüten ausgezeichnet als Beetabgrenzung. Neben lilafarbenen kugeligen Blütenköpfen gibt es auch Spielarten in Burgunderrot

und leuchtendem Pink. Die Hauptblütezeit im Mai/Juni ist dann aber noch lange nicht abgeschlossen. Schnittknoblauch begeistert mit weißen, sternförmigen Blüten, deren Duft etwas an Rosen erinnert.

Keine Zeit für Pflegearbeiten?

Den passenden Rahmen für ein Kräuterbeet können sehr gut auch hübsch geformte Elemente aus Steinguss, Terrakotta oder Gusseisen bilden. Hinter dieser schmucken Einfassung leuchten dann die vielen kleinen gelben Blütenköpfe des frei wachsenden Currykrautes, kommen Weinraute, Rosmarin und Salbei toll zur Geltung und verströmen Quendel und Edelrauten im Duett eine faszinierende Duftkomposition. Man kann aber auch Bruchsteine halb in den Boden einsenken, sandige Erde dazwischen schütten und dieses Einfassungsmäuerchen dann mit verschiedenen Thymiansorten oder anspruchslosen Steingartenpflanzen besiedeln.

Super Kräuter für eine Beeteinfassung

Name	Wuchshöhe	Eigenschaften und Pflege
Schnittlauch *Allium schoenoprasum*	20–30 cm	mehrjährig, immergrün, schnittverträglich
Ringelblume *Calendula officinalis* 'Fiesta'	30 cm	einjährige Zwergform, Selbstaussaat; Pflanzen vereinzeln
Currykraut *Helichrysum italicum* 'Nanum'	30 cm	mehrjährig, immergrün, schnittverträglich
Ysop *Hyssopus officinalis*	bis 60 cm	mehrjährig, immergrün; Formschnitt erforderlich
Lavendel *Lavandula angustifolia* 'Hidcote'	bis 90 cm	mehrjährig, immergrün; Formschnitt im Frühjahr
Heiligenkraut *Santolina chamaecyparissus*	bis 60 cm	mehrjährig, immergrün; Formschnitt im Frühjahr
Winter-Bohnenkraut *Satureja montana*	15–30 cm	mehrjährig, immergrün; Austrieb öfter stutzen
Studentenblume *Tagetes patula*	30 cm	einjährig; Verblühtes regelmäßig ausputzen
Edel-Gamander *Teucrium chamaedrys*	30 cm	mehrjährig, immergrün; kompakter Rückschnitt
Sand-Thymian *Thymus serphyllum*	30 cm	mehrjährig, immergrün, kriechend; Triebe einkürzen

Kräuter auf Balkon und Terrasse

Ein Platz im Topf, Kasten oder Trog ist für die meisten Kräuter kein Problem. Was aber nicht bedeutet, dass sie dort grundsätzlich unter sich bleiben sollen. Ganz im Gegenteil. Mit weitaus mehr Spannung dürfen Sie rechnen, wenn Sie sie mit Gemüse und Zierpflanzen kombinieren. Sehr attraktiv ist z. B. ein hoher blauer Steinguttopf, bepflanzt mit einem etwa bis 80 cm hohen, kleinblättrigen und schlanken Buchsbäumchen. Links und rechts an das Bäumchen jeweils eine kompakte Chili oder kleinfrüchtige Paprika mit orangefarbenen und roten Früchten pflanzen. Und für den Mittelplatz vor dem Buchs bietet sich ein überhängender Thymian oder Rosmarin sehr gut an. Äußerst dekorativ macht sich auch ein geräumiger Balkonkasten, bepflanzt mit einer Beetrose, (z. B. 'Tequila® 2003'), drei dunkelblauen Lavendelpflanzen (z. B. 'Siesta') und einem Currystrauch. Als Accessoire dazu bietet sich eine große silberne, gelbe oder orangefarbene Glaskugel an oder zwei, drei Pflanzenstecker in moderner Rostoptik.

Country-Look gefällig?

Wenn Sie etwas Bauerngartenromantik auf Terrasse oder Balkon holen möchten, dann bepflanzen Sie einen Taschentopf mit verschiedenen Thymianen und platzieren Sie zwei, drei quadratische geräumige Terrakotta-Töpfe mit einem Mindestmaß von 40 cm dazu, die sie dann mit Ringelblumen in Orange und Gelb, einem opulenten Rosmarinstrauch und verschiedenfarbenen Peperoni *(Capsicum frutescens)*, Ysop oder Kapuzinerkresse ausstatten. Eine tolle Ergänzung für Naschkatzen: Walderdbeeren im Terrassenbeet, ein Stachel- sowie Johannisbeer-Hochstämmchen und fürs Auge pinkfarbene Petunien, Pelargonien und Begonien.

Klare Linien sorgen für Großzügigkeit

Wichtig beim Gestalten ist, dass die zur Verfügung stehende Fläche durch geschickte Platzierung des Mobiliars, der Gefäße und Accessoires noch ausreichend Bewegungsfreiheit lässt, damit das Auge immer wieder Ruhepunkte findet. Auch beim direkten Bepflanzen des Terrassenbeetes kommt es nicht auf die Menge, sondern vielmehr auf eine geschickte Pflanzenauswahl an. Fürs Terrassenbeet sind Minzen zum Beispiel tabu. Einerseits wuchern sie sehr stark und andererseits sind sie in der Lage, solch einen Wurzeldruck auszuüben, dass selbst schwere Steinplatten locker werden. Deshalb mein Rat: Pflanzen Sie die Pfefferminze und Ihre wuchsfreudige Verwandtschaft in geräumige Kübel.

Platzsparmöglichkeiten für Mini-Balkone

Hierfür bieten sich Ampelgefäße an. Einen besonders schönen Auftritt beschert Ihnen unbestritten die Kapuzinerkresse. Wenn Sie sich wohlfühlt, treibt sie unermüdlich bezaubernde Blüten. Ebenfalls ampeltauglich sind die Indianerminze (rechts unten), Katzenminze, Busch-Basilikum oder der kriechende Rosmarin 'Repandus'.

Vorsicht bei hohen Gefäßen

Sehr hohe, schlanke Gefäße sind super schick und häufig mit einer praktischen Pflanzwanne zum Einhängen ausgestattet. Ein Manko gibt es jedoch: Sie sind bei starkem Wind nicht kippsicher! Deshalb ist es ratsam, das untere Topf-Drittel vor dem Bepflanzen möglichst mit schweren Steinen auszulegen oder – falls das vom Standort her möglich ist – mit einem stabilen Metallstab fest im Boden zu verankern.

◄ Lauschiger Sitzplatz
In der Nähe von Thymian, Rosmarin, Oregano und Lavendel kommen Urlaubsgefühle auf. Besonders schön: die Gefäße aus Flechtwerk.

► Perfekt inszeniert
Damit der Kasten so attraktiv bleibt, behalten Sie beim Ernten der Kräuter stets auch die Form im Auge.

◄ Durstig An sich sind Kräuter, insbesondere Rosmarin (rechts), Salbei und Thymian genügsam; im Topf an heißen Tagen muss schon mal öfter gegossen werden.

► Attraktiv Die Indianerminze *(Satureja douglasii)* sorgt als Hängepflanze und mit intensivem Kaugummi-Duft für Aufsehen.

◄ In bester Gesellschaft Kapuzinerkresse, Harfenstrauch, Dill, rotes Basilikum und Tomaten teilen sich einen Kasten.

Wenig Platz, kein Problem

▲ **Allzeit flexibel** Die selbstgezogenen Kräuter stehen gut im alufarbenen Metallkasten – ein attraktives Mitbringsel für die nächste Gartenparty.

▲ **Schmuck mit Geschmack** Wie gut, dass die Kräuter in Gefäßen stehen! So können sie, wenn Gäste kommen, problemlos für ein paar Stunden als essbare Deko im Zimmer platziert werden.

▲ **Was für ein Hingucker!** Topf-Rondell mit Ysop, Melisse, Oregano, Thymian und Petersilie.

◄ **Wie die duften!** Thymian, Currykraut, Minze, Salbei und Rosmarin entwickeln sich auch in Töpfen prächtig.

Die Durchschnittsgröße eines Balkons beträgt in der Regel zwischen 8 und 10 m²; Terrassen sind meist nur geringfügig größer. Zugegeben, ein Minibalkon ist in jeder Hinsicht eine Herausforderung. Zum einen kostet die Ausstattung Zeit, Arbeit und Geld. Doch wenn Sie Fantasie haben, sich etwas mit Pflanzen auskennen und keine Mühen scheuen, sind das die besten Voraussetzungen für eine völlig neue, beglückende Sommerliebe!
Je kleiner die Freiluftoase, umso exakter sollte die Detailplanung aussehen. Das Mobiliar darf keinesfalls ausladend und sperrig sein, vielmehr sind Klapptisch und -stühle gefragt, Wandregale und natürlich Aufhängungen für Hängeampeln. Denn hier lässt sich einiges unterbringen. Bepflanzen Sie Balkonkästen und Kübel mit Ihren Lieblingskräutern und gruppieren Sie Gefäße mit Balkonblumen hinzu: Petunien, Pelargonien, Fleißige Lieschen und Wandelröschen sind besonders blühfreudig und robust.

Kräuter als Ampelpflanzen

Sofern Standort und Pflege stimmen, zeigen sich Kapuzinerkresse, Duftpelargonien, Tripmadam oder manche Thymian- und Rosmarin-Sorten äußerst flexibel und von ihrer schönsten Seite: nämlich hängend, als Ampelpflanze. Zu den wichtigsten Standardkräutern für Küche und Gesundheit gehören zusätzlich zu den oben genannten auch Petersilie, Schnittlauch, Basilikum, Oregano und Salbei. Als Highlights an exponierter Stelle empfehle ich Ihnen eine *Aloe vera* und einen Zitronenstrauch. Die Aloe ist nicht nur ein imposantes Gewächs, das für viel Aufmerksamkeit sorgt; der Saft der dickfleischigen Blätter wirkt kühlend und schmerzlindernd bei leichten Verbrennungen, Sonnenbrand oder Insektenstichen. Und die herrlich nach Zitrus duftenden Blätter des Zitronenstrauches sind ein Hochgenuss für alle Kräutertee-Freunde. Verveine, wie das Gewächs in Frankreich genannt wird, kommt überall zurecht und lässt sich prima trocknen. Wenn Sie mit der Hand kräftig über die Blätter streichen, offenbart sich Ihnen das Parfüm des Südens.

Basilikum – wie fein!

▶ Basilikum sollte man stets frisch zur Hand haben. Besonders ergiebig: Großblättriges (*Ocimum basilicum* 'Genoveser'). Nach der Ernte zum Frischhalten in ein blickdichtes Gefäß mit Wasser stellen!

Kleiner Aufwand, große Wirkung

Um optisch an Raum zu gewinnen, ist es ratsam, einen etwas größeren Spiegel mit Rahmen so an die Wand zu dübeln, dass sich bepflanzte Gefäße darin spiegeln. Durch diese optische Täuschung kommt einem der zur Verfügung stehende Platz viel größer vor. Ebenso ist es sinnvoll, Blumenmotive an die Wand zu schablonieren. Entsprechende Motive und wetterfeste Farben gibt es im Bastelbedarf.

Blattschönheiten für Kästen und Kübel

Pflanze	Blattschmuck
Silber-Wermut (*Artemisia ludoviciana*)	silberlaubig
Ananas-Minze (*Mentha suaveolens* 'Variegata')	weiß-bunt
Oregano (*Origanum vulgare* 'Thumble')	gelblaubig
Fichtennadel-Pelargonie (*Pelargonium fragrans variegata*)	weiß-bunt
Shiso (*Perilla frutescens*)	purpurrot
Weinraute (*Ruta graveolens*)	gefiedert, blaugrün
Salbei (*Salvia officinalis* 'Tricolor')	rot-violett, weiß, grün

Pflanzendüfte sind nicht zu übertreffen

Möchten Sie einen Garten oder ein Beet schwerpunkt-mäßig mit Duftkräutern anlegen? Dann sollte die Lage möglichst windgeschützt sein. Falls das nicht gegeben ist, bieten sich dafür Hecken oder Spaliere mit Kletter-pflanzen wie Geißblatt, Waldreben oder Wildrosen an. Die große Anzahl an nicht winterharten Duftkräutern muss im Kübel eingepflanzt werden.

Besonders intensiv sind Dufterlebnisse draußen in der Natur, in einer lauen Sommernacht zum Beispiel, wenn sich Blütendüfte, z. B. von Rosen oder einem Linden-baum, mit der köstlichen Würze von Rosmarin, Thymi-an, Basilikum oder Katzenminze vermischen. Passend dazu: klassische Nachtdufter wie Bauerntabak, Nacht-viole, Duft-Resede und Duft-Nachtkerze.

Weniger ist mehr

Haben Sie nur wenig Platz zur Verfügung, am Sitzplatz, auf der Terrasse oder dem Balkon, so ist es ratsam, nicht zu viele verschiedene Duftkräuter zu pflanzen. Schon gar nicht in einen gemeinsamen Kasten oder Kübel. Stehen mehr als drei oder vier unterschiedliche Duftpflanzen in einem Gefäß, machen sie sich gegen-seitig zu viel Konkurrenz oder sie vermischen sich so stark, dass einzelne Nuancen nicht mehr wahrgenom-men werden können. Weitaus verlockender ist es, auf kleinen Plätzen, Duftkräuter und Zierpflanzen mitei-nander zu kombinieren. Ein Beet oder großer Kübel, be-pflanzt mit weißer oder blauer Glockenblume (*Campa-*

▶ **Beruhigend** Lavendel in Blautönen und Bunt-blättriger Salbei (*Salvia officinalis* 'Purpurascens') – die perfekte Ergänzung

◀ **Zimt-Basilikum** (*Ocimum basilicum* 'Cinnamomum') fasziniert mit seinem Aroma und rosaroten Blütenständen.

▶ **Robuste Schönheiten** Duft-Pelargo-nien sind pflegeleicht und wohlduftend.

nula), kleinwüchsiger Katzenminze *(Nepeta × fassenii)* oder Polster-Phlox mit gelbblättrigem Zitronen-Thymian *(Thymus × citriodorus* 'Aureus') zum Beispiel. Dieser überzeugt durch beste Wuchseigenschaften und ein herrlich erfrischendes Zitronenaroma. Ebenfalls zitronig duftet Kümmel-Thymian *(Thymus herba-barona* var. *citriodorus)*. Am optimalen Standort, sonnig in gut durchlässiger, sandiger Erde, bildet er aparte Blütenpolster in Karminrot. Über dichte, blaugrüne Matten dürfen Sie sich bei Polster-Thymian *(Thymus praecox* ssp. *articus* 'Minor') freuen, den man prima als Barfußpflanze nutzen kann. Da Sie hierfür relativ viele Pflanzen brauchen, empfiehlt es sich, diese durch Aussaat selbst heranzuziehen. Vorausgesetzt Sie haben Zeit und Muße dafür. Als eine weitere trittfeste Art bietet sich die Römische Kamille *(Chamaemelum nobile)* an. Ihre Blätter verströmen beim Drüberwuscheln oder - gehen einen herrlichen Duft, der ein wenig an Apfel erinnert. Auch hier empfiehlt sich die Aussaat (am besten in Kistchen), da man für eine flächige Pflanzung

Duftkräuter, die nicht jeder kennt

Name	Wuchshöhe	Duft
Wohlriechender Odermennig *(Agrimonia odorata)*	80 cm	würzig
Blauer Waldmeister *(Asperula azurea)*	30 cm	süß
Anis-Balsamstrauch *(Cedronella triphylla* 'Anisatus')	60 cm	anisartig
Provence-Lavendel *(Lavandula × intermedia* 'Hidcote Giant')	60 cm	intensiver Lavendelduft
Limonen-Basilikum *(Ocimum americanum* 'Lime')	30 cm	intensiver Limonenduft
Rosen-Pelargonie (Pelargonium capitatum)	40 cm	intensiver Rosenduft
Ananas-Salbei *(Salvia rutilans)*	40 cm	Ananasduft
Kümmel-Thymian *(Thymus herba-barona)*	5 cm	Kümmel-Thymian

große Mengen braucht. Äußerst kontrastreich wirken diese flächendeckenden Kräuter in einem modernen, hohen Kunststoffgefäß in Gelb, Rot oder Pink.

◀ **Ingwer-Minze** Ihr Parfüm erinnert zwar nur schwach an ihre hocharomatische Wurzel, dafür begeistert sie *(Mentha gentilis* 'Variegata') umso mehr durch dekorative Blätter und Blüten.

▼ **Schattenfreund** Waldmeister *(Galium odoratum)* hat in den vergangenen Jahren wieder an Popularität gewonnen; getrocknet wird das Wildkraut gerne für Duftsäckchen verwendet.

Rosen & Kräuter – ein perfektes Paar

◀ **Lebhaftes Treiben** Die berühmte Rose 'Gertrude Jekyll®' ein Ballerina-Rosenstämmchen, Lavendel, Horn-Veilchen und *Veronica spicata* teilen sich ein Beet.

▼ **Sinfonie in Blau und Rot** Majestätisch stärken Rittersporn im Kübel und Lavendel den bezaubernden Rosen den Rücken.

▼ **Imposant** Der silberlaubige Wermut *(Artemisia absinthium)* verströmt süßaromatischen Duft. Er stellt sich prachtvoll vor die englische Duftrose 'Grace Winchester'.

▼ **Hingucker** Der Rosenstrauch mit rosaroten Blüten und die grüngelben Schaumblüten des Frauenmantels könnten sich nicht perfekter ergänzen.

Im Topf oder Beet: Rosen und Kräuter sind traumhafte Partner. So faszinierend ihr Aussehen, so vielseitig ist ihr Auftritt. Die Königin der Blumen verzaubert die Herzen in erster Linie durch Schönheit, Duft, Farbe und Blüten. Rosen sind der Inbegriff von Romantik und Sinnlichkeit. In Kombination mit bodenständigen, wohlduftenden Kräutern ist die Landhaus-Idylle perfekt.

In Farbe schwelgen

Wie Duft sind auch Farben in der Lage, unseren Sinnen Flügel zu verleihen. Sanfte Blau- und Rosétöne, kombiniert mit Weiß, Aprikot oder zitronigem Gelb, verkörpern Romantik pur. Besonders helle Farben verleihen lauen Sommerabenden eine besondere Stimmung. Am besten sorgen Sie dafür, dass auch ein paar klassische Nachtdufter nicht fehlen, zum Beispiel die betörende Duft-Nachtkerze (*Oenothera odorata*). Die Sibirische Nachtviole (*Hesperis steveniana*) verströmt eine Mischung aus Nelken- und Veilchen-Duft. Spannend ist auch der an Marzipan erinnernde Duft des Sternbalsams (*Zaluzianskya capensis*). Am besten sät man ihn als Unterpflanzung eines Rosenhochstämmchens direkt in den Topf oder ins Beet aus. Sternbalsam, auch Nacht-Phlox genannt, wird nur etwa 30 cm hoch. Passend dazu: Polster-Thymian (*Thymus praecox* ssp. *arcticus* 'Minor') oder Teppich-Sandthymian (*Thymus serpyllum* 'Magic Carpet'). Sie bleiben mit 5 cm Höhe sehr flach und legen sich gern über den Topfrand hinaus.

Die Qual der Wahl

Besonders attraktiv ist die Wirkung von Rabatten, auch Mixed Borders genannt: Als Grundgerüst wählen Sie am besten robuste, gesunde und mehrmals blühende Rosen (eine ADR-Auszeichnung wäre ideal) in Ihren Lieblingsfarben und -blütenformen aus. Wer noch wenig Erfahrung hat, sollte sich beim Kauf unbedingt beraten lassen und stets die Krankheits- und Schädlingsanfälligkeit ansprechen. Grundsätzlich sollten Sie keine Kompromisse eingehen, denn der

Ideale Rosen-Partner für die Sonne

Name	Blütemonat	Höhe
Felsen-Agastache (*Agastache rupestris*)	VIII–X	40 cm
Günsel (*Ajuga reptans*)	V–VI	5–10 cm
Wermut (*Artemisia absinthium*)	V–VII	100 cm
Currykraut (*Helichrysum italicum*)	VI–VIII	40–70 cm
Schopf-Lavendel (*Lavandula stoechas*)	VI–VII	30–40 cm
Dost (*Origanum vulgare*)	VII–IX	50–100 cm
Salbei (*Salvia officinalis*)	VI–VIII	30–80 cm
Heiligenkraut (*Santolina chamaecyparissus*)	VII–IX	40 cm
Gamander (*Teucrium chamaedrys*)	VII–IX	50 cm

Kampf gegen Läuse oder Sternrußtau erfordert nicht nur Ausdauer, er kostet auch ganz schön Nerven. Eine hübsche Pflanzkombination bilden die cremeweiß blühende 'Lions-Rose®' (70–80 cm hoch), 'Maxi Vita®' (60–70 cm, orangerosa mit gelborangefarbenem Blütenboden) sowie die hellgelbe, leicht gefüllte 'Celina®' (60–80 cm). Im Hintergrund an einem Spalier rankt die tiefrot und öfter blühende 'Gertrude Jekyll®', eine ganz wunderbar duftende Kletterrose (gibt es auch als Strauchrose). Farblich dazu passen: Blau blühender Spanischer Salbei (*Salvia lavandulifolia*) und Blauer Salbei (*Salvia clevelandii*). Eine attraktive Begleiterin mit großen blauen Blüten ist die Sibirische Katzenminze (*Nepeta sibirica* 'Souvenir d'André'). Sie wächst mehrjährig und blüht recht lange. Sehr harmonisch und wohlduftend fügt sich auch die Marokkanische Minze (*Mentha spicata* var. *crispa*) ein. Super schön werden Rosen von purpurrotem Sonnenhut (*Echinacea purpurea*) oder Fenchel (*Foeniculum vulgare*) umgarnt. Diese beiden werden ziemlich hoch und lassen sich nicht die Show stehlen – sie wachsen mit den Rosen um die Wette.

Mediterranes Ambiente im Beet und Topf

Mit einem mediterranen Lebensgefühl verbinden wir in erster Linie Sonne, blauen Himmel, Meer, laue Sommernächte, exotische Früchte, Rotwein, Cappuccino und natürlich südländische Pflanzen. Wer dieses Mittelmeerfeeling kennt, wünscht es sich natürlich auch zu Hause. Wettermäßig wird dies zwar nur zum Teil gelingen, was jedoch die passende Deko und Pflanzenauswahl betrifft, lässt die Auswahl kaum Wünsche offen.

Exotische Pflanzen für Beet und Kübel

Zu den klassischen mediterranen Vertretern der Kräuter gehören in erster Linie Lavendel, Rosmarin, Oregano, Frucht-Salbei *(Salvia dorisiana)*, Süßkraut *(Stevia rebaudiana)*, Zitronen-Thymian *(Thymus × citriodorus)*, Lemongras *(Cymbopogon citratus)*, Koriander *(Coriandrum sativum)* und natürlich die verschiedensten Basilikum-Arten *(Ocimum basilicum)*. Sie lassen sich wunderbar kombinieren mit Granatapfel, Yucca- und Hanf-Palmen, Zitrus-Bäumchen (Limetten, Zitronen, Orangen), Feigen und Bananenstauden.

Für Aufsehen sorgte in den letzten Jahren die Echte Aloe. Ihre spitzen, fleischigen Blättern lassen auf den ersten Blick jedoch eher auf einen Kaktus schließen als auf ein Kraut. Wie Wissenschaftler feststellten, soll die Nutzpflanze mehrere hundert Wirkstoffe besitzen, die

▲ **Platz nehmen und genießen**
Umgeben von Currykraut, Lavendel und Balkonblumen kann man wunderbar eintauchen in das Land der Düfte.

▶ **Mediterranes Flair** In den reich verzierten Terrakotta-Gefäßen kommen die Lorbeer-Bäumchen mit den würzigen Blättern besonders gut zur Geltung.

unter anderem bei der Sonnenbrand oder Insekten-stichen hilfreich sind.

Für klassische Mittelmeerbilder sorgen in erster Linie knorrige Olivenbäume, Palmen, Feigen-, sowie Lorbeer-büsche. Eine bedeutende Rolle spielen auch Liguster sowie säulenförmige Mittelmeer-Zypressen (nach schwachwüchsigen Sorten fragen!), die man wunder-bar im Kübel halten kann. Ein Blütenspektakel ga-rantieren Oleander, Bleiwurz, Hibiskus, Rosen und Bougainvilleen. Bei der Pflanzenauswahl hier in Deutschland muss auf robuste und ausreichend win-terharte Arten geachtet werden. Frostgefährdete Pflan-zen gehören in einen Kübel, damit Sie bei Bedarf rasch in ein Winterquartier geräumt werden können.

Urlaubserinnerungen zum Anfassen

Ob Bodenplatten, Wand, Markisen, Mobiliar: Auf schril-le Farben oder Streifenlook sollte man besser verzich-ten. Vielmehr verkörpern Ocker, ein gebrochenes Rosé oder Gelb die Leichtigkeit des Südens. Südländischen Charme verleihen auch Wandbrunnen, Feuerschalen und Beetkanten-Elemente im Terrakotta-Stil sowie aus gebrannter Keramik.

Keine mediterrane Terrasse kommt ohne Terrakotta aus. Dabei spielt es keine Rolle, ob Sie sich für handge-machte, winterharte Gefäße entscheiden oder für die Kunststoff-Variante. Letztere hat den großen Vorteil, dass man sie leichter transportieren kann. Hinzu kommt, dass sie optisch kaum mehr von der Ton-Vari-ante zu unterscheiden sind. Außerdem sind sie in der Regel farbecht und frostfest.

Gusseiserne Gartenmöbel und Schlauchhalter gehören ebenso zu den mediterranen Klassikern wie Deko-kugeln, Vogeltränken und Pflanzgefäße aus farbig gla-siertem Steingut.

Als klassische Lichtquellen für den Abend bieten sich dezente Windlichter und schlichte Stumpenkerzen an.

▼ **Ein Hauch vom Süden** Rosmarin sowie verschiedene Thymian-Arten haben den Terrakotta-Topf in Beschlag genommen. An sonnigen Tagen ist der Duft besonders intensiv!

▲ **Kleine Topfgalerie** Currykraut, Lavendel, Silberblatt-Lavendel und Weih-rauch in Begleitung einer schönen Steinfigur. Da die Gefäße recht klein bzw. die Pflanzen mitten im Wachstum sind, ist an heißen Tagen zwei Mal täglich Gie-ßen angesagt und spätestens im Herbst das Umtopfen in frische Kräutererde.

Duftende Teppiche und trittfeste Lückenfüller

Patchwork-Rasen

▶ Als pflegeleichte Alternative kann man in den regelmäßig gemähten Rasen auch ein paar niedrige und robuste Duftkräuter setzen.

▶ Hierfür einfach ein paar Rasensoden ausstechen und die frei gewordenen Flächen mit Sand auflockern. Dort hinein dann Thymian, Römische Kamille und Minze (Sortenempfehlungen siehe Text) oder auch Duft-Schafgarbe (*Achillea odorata*) pflanzen.

▶ Beim Mähen mit dem Rasenmäher diese Flächen später jedoch unbedingt aussparen.

▶ Damit die Kräuter schön kompakt bleiben; zum Trimmen besser eine Rasenkantenschere verwenden. Idealer Zeitpunkt: nach der Blüte.

Eine Rasenfläche nur aus Gräsern ist nicht nach Ihrem Geschmack? Dann sollten Sie es mal mit einem Duftteppich aus verschiedenen Thymian-Arten versuchen, die einen zauberhaften Duft entfalten und besonders zur Blütezeit im Juni und Juli für einen recht spektakulären Auftritt sorgen. Die dichten, fast undurchlässigen Matten von *Thymus praecox* ssp. *arcticus* 'Minor' sind trittfest. Daneben breitet sich gern 'Magic Carpet' aus, eine Auslese von *Thymus serphyllum* mit karminrosa Blüten. Für ein tolles Erlebnis sorgt Zitronen-Thymian (*Thymus × citriodorus*). Er sieht auch außerhalb der Blütezeit super aus. Die Sorte 'Aureus' setzt ihrem nur 10 cm hohen Polster goldfarbene Glanzlichter auf, während die weiß-bunte 'Variegatus'-Form eine Höhe von 20 cm erreicht und edle Blässe zeigt. Die 15 cm hohe Sorte 'Villa Nova' hat ihre dunkelgrünen Blätter in Gold umrandet und 'E. B. Anderson' ist ein echter Goldschatz, der mit guter Dränage auch den strengsten Winter problemlos übersteht.

Klein und fein

Reicht der Platz nicht für einen größeren „Fleckerl"-Teppich, nehmen Sie einfach auf der Terrasse zwei oder drei Platten aus dem Bodenbelag und setzen Sie dann in die Lücken Duftkräuter hinein. Sehr dichte und nur 5 cm hohe Teppiche weben die Polei-Minze (*Mentha pulegium* ssp. *repens*) und die Korsische Minze (*Mentha requienii*), die schon bei zarter Berührung den allerfeinsten Minzeduft verströmen. Mit von der Partie ist auch die blütenlose Römische Kamille (*Chamaemelum nobile* 'Treneague'), die sich gerne über größere Flächen mit Ausläufern ausbreitet. Vorausgesetzt der Platz ist sonnig und der Boden eher trocken und gut wasserdurchlässig. Dennoch muss bei langen Trockenperioden hin und wieder gewässert werden.

Wenn alles aus den Fugen gerät

Selbst in Kies-, Pflaster- und Ziegelsteinwegen mit breiten Fugen können sich duftende, teppichbildende Kräuter wohlfühlen. Hier sollten aber wirklich nur solche Arten und Sorten verwendet werden, die sehr niedrig wachsen – Thymian ist auch in diesem Fall die erste Wahl.

Damit sich die Pflanzen ausbreiten können, darf man nicht zu dicht pflanzen. Da nur wenig Platz zum Bewurzeln bleibt, sind die Fugenfüller bei Trockenheit und Frost gefährdet. Vorsicht: Auf solchen Wegen kann man im Winter auch keinen Schnee beiseite räumen, ohne die Pflanzen zu beschädigen.

◀ **Attraktiv** Thymian-Kreis im Kiesbett: Damit die Pflanzen so schön flach bleiben, müssen sie regelmäßig und konsequent gestutzt werden.

◀ **Kleine Thymian-Schönheit** *(Thymus praecox* ssp. *arcticus)* erreicht im besten Fall 5 bis 6 cm Höhe. Er treibt ganz entzückende, kleine Blütchen.

▲ Die Gundelrebe wächst kriechend und wird nicht höher als etwa 20 cm. Ihre blau-violetten Blüten zeigen sich ab März.

▶ **Perfekter Fugenfüller** Thymian ist dazu bestens geeignet. Während der Trockenperioden muss er jedoch unbedingt regelmäßig gegossen werden, da sonst die Gefahr besteht, dass die Wurzeln verbrennen. Im Hintergrund tummeln sich Gold-Zitronenmelisse *(Melissa officinalis* 'Aurea') sowie buntblättriger Salbei.

Herzlich willkommen

zum Sommerfest!

**◄ Idyllisches Land-
leben** Für eine Einla-
dung zum Gartenfest ist
diese Kräuter-Deko super.
Da die meisten Pflanzen
in Töpfen wachsen, wer-
den diese nach der Feier
einfach wieder an ihren
Platz im Garten oder
auf die Terrasse zurück-
gebracht.

**► Lavendelduft ist ein-
malig** Die einen können
nicht genug von ihm
bekommen, den anderen
ist er fast ein bisschen
zu intensiv. Aber alle sind
sich einig: Lavendel ist
einfach wunderbar!

Viel Spaß beim Selbermachen

Wer einen Garten hat, weiß, wie verführerisch und inspirierend es ist, durch ein Gartencenter, Kaufhaus oder einen Dekoladen zu schlendern und Ausschau nach schicken Accessoires zu halten. Das Angebot ist unerschöpflich groß. Doch trotz aller Begeisterung holt uns häufig ein Blick auf das Preisschild in die Realität zurück. Was aber nicht zwangsläufig ein Nachteil sein muss. Ganz im Gegenteil, es macht erfinderisch. Denn mit etwas Fantasie und Fingerspitzengefühl lassen sich viele alltägliche oder in die Jahre gekommene Dinge ohne großen Aufwand und relativ preiswert im Nu aufpeppen. Dazu gehören Pflanzgefäße aller Art, Mobiliar oder Gießkannen. In der Beliebtheitsskala ganz oben stehen Serviettentechnik und Schablonenmalerei.

Verjüngungskur mit neuer Farbe

Die wunderschöne, weiße Holz-Tischgruppe auf dem großen Foto der vorherigen Seite war ursprünglich einmal hellbraun. Nachdem der Lack im wahrsten Sinne des Wortes ab war, verhalf ihr ein Anstrich zu einem völlig neuen Auftritt.

Wichtig beim Restaurieren ist, dass das Mobiliar zunächst einmal gründlich gereinigt wird. Das heißt: Schmutz aller Art und Moos mit einer Bürste und warmem Seifenwasser gründlich entfernen, danach mit einem weichen Tuch abreiben und gut trocknen lassen. Lackierte Möbel gründlich mit einer Drahtbürste reinigen, den Lack mit einem Spachtel abkratzen

▶ **Klein, aber fein** Die hübsch verzierte Hängeampel ist ein zuverlässiger Kräuterlieferant und ein toller Hingucker auf dem Mini-Balkon.

▼ **2. Ausschneiden** Obere Serviettenschicht abziehen. Serviettenlack und -kleber mit einem Pinsel auftragen, Motive aufkleben.

▲ **1. Topf verzieren** Die Materialien: Serviettenlack und -kleber, Pinsel, grüne Decormattfarbe zum Bemalen der Topfaufhängung, Decoupage-Schere, Serviette.

und danach sorgfältig abschleifen. Je exakter Sie dabei arbeiten, umso zufriedener werden Sie mit dem Ergebnis sein. Vor dem Neuanstrich in Ihrer Lieblingsfarbe ist eine Acrylgrundierung ratsam, dann hält die Farbe besser. Danach je nach Vorliebe Acryl-Lasur oder -Buntlack auftragen. Dabei nur Produkte für den Außenbereich verwenden. Denn sie sind witterungsbeständig, schmutzabweisend, behalten ihren Farbton länger und blättern nicht so schnell ab. Wer die Sitzflächen und die Tischplatte gerne gemustert mag, besorgt sich im Fachhandel entsprechende Schablonen und wasserfeste Farben, damit kann kaum was schiefgehen.

Dekorative Hängeampel

Das Besondere an dem hübschen Kräutergefäß unten links ist der mit Serviettentechnik verzierte Kunststofftopf. Dafür benötigen Sie ein entsprechendes Ampelgefäß, Servietten mit Kräuterfrauen oder einem anderem Kräutermotiv. Dann zunächst die ausgewählte Papier-

serviette zurechtlegen. Hat sie mehrere Lagen, die bedruckte Schicht vorsichtig abziehen und die Motive mit der Decoupage-Schere zurechtschneiden. Das saubere Pflanzgefäß mit Serviettenlack einstreichen, leicht antrocknen lassen, das Motiv auflegen und mit einem trockenen Tuch behutsam andrücken. Zur Versiegelung des Dekors das Ganze ein weiteres Mal sparsam mit Kleber bestreichen. Eventuell entstandene Fältchen korrigieren und den Topf zu guter Letzt mit Klarlack überstreichen. Danach Erde einfüllen und die ausgewählten Kräuter hineinpflanzen. Dränage beziehungsweise das Wasserabzugsloch nicht vergessen!

Verwandlungskunst

Basis der schicken Fackeltöpfe unten sind schlichte Tontöpfe aus dem Gartencenter. Zunächst wurden sie mit weißem Decormatt grundiert. Nun an den Rändern Strukturpaste aufbringen und zum Schluss die Gefäße mit einem Schwämmchen in Grün und Gelb betupfen.

◀ **Von wegen schlicht** In nicht mal einer Stunde können Tontöpfe in schicke Deko-Objekte verwandelt werden. Dazu wasserfeste Farben mit einem Pinsel oder Schwamm auftragen. Nach dem Trocknen Erde einfüllen und Kräuter einpflanzen. Tropffreie, gestreifte Kerzen hineinstecken.

▶ **Serviettentechnik** Als Mitbringsel oder Tischdekoration: Basilikum, Rosmarin und Petersilie (von links nach rechts) können sich in den verzierten Blecheimerchen sehen lassen.

Mittelmeerfeeling können Sie auch zu Hause genießen

◀ **Was für ein Aroma!** Rosmarin, Thymian, Salbei, Lavendel und Knoblauch verströmen den Duft des Südens. Davon einfach ein paar frisch geschnittene Zweige zusammen mit ein paar Knoblauchzehen als Tischdeko in ein Gefäß legen.

▼ **Romantische Sommer-Idylle** Umgarnt von Currykraut, Astern, Fetthenne, Glockenblumen und Beifußgewächsen im Topf, kommen Terrakotta-Zapfen und -Putto besonders schön zur Geltung.

◀ **Porzellan-Kräuterschilder** Namensschilder sind nicht nur praktisch, sondern auch äußerst dekorativ. Diese kann man sich auch mit individuellen Wunsch-Namen fertigen lassen.

▶ **Gepflegtes Durcheinander** Perfekt, wie sich der Thymian hier über den Beetrand legt. Im Beet blühen und duften Minzen, Melisse, Oregano, Lavendel, Katzenminze, Leinkraut und ein Rosenstrauch um die Wette.

Rosmarin – beliebter Klassiker aus dem Süden

Die Sortenauswahl kann sich sehen lassen. Kleiner Wermutstropfen: Die meisten müssen frostfrei überwintert werden.

- ▶ Rosmarin 'Arp' (*Rosmarinus officinalis* 'Arp': Das Besondere dieser Sorte ist die außergewöhnliche Winterhärte bis –20 °C. Hellblaue Blüten von Mai bis Juni; Wuchshöhe: bis 100 cm.
- ▶ Rosmarin 'Salem' (*Rosmarinus officinalis* 'Salem'): Winterharte Auslese, die bis –20 °C verträgt. Pastellblaue Blüten ab März; Wuchshöhe: 80 cm.
- ▶ Weiß blühender Rosmarin (*Rosmarinus officinalis* 'Alba'): Eine weiß blühende Auslese mit sehr gutem Aroma. Blüten ab März; Wuchshöhe: bis 70 cm.
- ▶ Kriechender Rosmarin (*Rosmarinus officinalis* 'Repandus'): Blühfreudige Sorte für Kübel, Kästen und Ampeln. Breite und überhängende Wuchsform. Hellblaue Blüten im März und April; Wuchshöhe: 30 bis 40 cm.
- ▶ Rosmarin 'Majorcan Pink' (*Rosmarinus officinalis* 'Majorcan Pink'): Sehr schöne Sorte mit hellgrünen, kurzen Nadeln. Hellrosa Blüten von Mai bis Juni; Wuchshöhe: bis 100 cm und mehr.
- ▶ Schmalblättriger Rosmarin (*Rosmarinus angustifolia*): Sehr würzige Auslese. Typisch sind die schmalen, spitzen und sehr aromatischen Blätter. Hellblaue Blüten von März bis Mai; Wuchshöhe: 60 cm.

Toskana, Provence, Andalusien – wer einmal die würzige Luft einer lauen Sommernacht im Süden erlebte, hat dieses Dufterlebnis für immer gespeichert. Und sobald uns dieser einmalige Geruch in die Nase steigt, sei es im Vorübergehen, im Gartencenter oder auf dem Markt, löst er automatisch ein Wohlbehagen in uns aus. Diese wunderbare Stimmung können Sie zwar ohne großen Aufwand mit Kräutern, Gewürzen und ein paar typisch mediterranen Kübelpflanzen auch zu Hause erzeugen. Allerdings haben es südländische Pflanzen in unseren Gefilden nicht ganz so einfach. Im Süden sind die Winter deutlich milder, so dass die Pflanzen dort in aller Regel ganzjährig problemlos draußen bleiben können. Bei uns hingegen haben es nicht winterharte, frostempfindliche Gewächse deutlich schwerer. Sie müssen bei Zeiten in einem frostfreien Winterquartier untergebracht werden.

Auf den Standort achten

Wählen Sie für Ihre „Urlaubsoase" zu Hause am besten einen sonnig-warmen und windgeschützten Platz im Garten oder auf der Terrasse aus. Ideal wäre es vor einer schützende Mauer oder Hauswand. Als Bodenbelag empfehlen sich Natursteinplatten, zeitlose Pflastersteine, Kies oder Flusskiesel.

Pflanzen geschickt kombinieren

Neben aromatischen Kräutern wie Lavendel, Basilikum, Thymian, Oregano, Rosmarin, Salbei oder dem französischen Tee-Klassiker Verveine (*Aloysia triphylla*) gibt es zahlreiche attraktive Vertreter des Südens, die bestens in unserer Gefilden zurechtkommen: Die am Mittelmeer heimische Wolfsmilch (*Euphorbia characias* subsp. *characias*) gehört dazu. Sie ist wintergrün und gedeiht problemlos im Kübel. Im Frühjahr überrascht sie mit bezaubernden limonengelben Blüten. Für südliches Ambiente sorgen ebenfalls die Echte Zypresse (*Cupressus sempervirens*), Eisenholzbaum (*Metrosideros excelsa*) sowie natürlich Zitrusgewächse aller Art. Aber auch Granatäpfel oder knorrige Weinstöcke prägen das Bild des Südens. Wein kann man übrigens auch prima in einem geräumigen Kübel ziehen. Allerdings ist es wichtig, dass er in ein frostfestes Gefäß gepflanzt wird. Denn Wein übersteht den Winter gut im Freien.

Tisch-Schmuck: duftig & farbenfroh

Ein Strauß, Gesteck oder eine bepflanzte Schale: Dafür müssen es längst nicht immer die klassischen Blumen sein, die mehr oder weniger kunstvoll miteinander kombiniert werden. Ganz im Gegenteil. Versuchen Sie es doch einmal mit Kräutern! Sie verzaubern uns auf ganz wundersame Weise. Currykraut, Kamille, Kapuzinerkresse, Lavendel, Rosmarin, Ringelblumen oder Oregano zum Beispiel eignen sich bestens. Aber auch ein Arrangement mit Duftpelargonienblüten und -blättern, umgarnt von ein paar senfgelben Dilldolden, berührt jedes Genießerherz!

Die schönsten Blüten wachsen vor der Tür

Wie die Beispiele rechts zeigen, können Kräuter durchaus mit Klassikern aus dem Blumenbeet konkurrieren. Und nicht selten stehlen sie ihnen sogar die Show. Ein leuchtendes Beispiel ist das dekorative Ringelblumen-Arrangement im rustikalen Spankorb, dessen Braunton wunderbar die gelben Blüten ergänzt. Da die Ringelblumenstiele nicht im Wasser stehen, am besten so arrangieren, dass die Blütenköpfe sich nicht zu stark gegenseitig berühren. Beim Kombinieren unbedingt darauf achten, dass die Blütenblätter möglichst nicht beschädigt oder geknickt werden. Dies würde unweigerlich braune Stellen nach sich ziehen. Außerdem kann man sie dann nach ihrem Auftritt abschneiden und zum Trocknen auf Pergamentpapier oder einem sauberen Tuch auslegen. Nach zwei, drei Tagen, wenn sie rascheldürr sind, können sie für Tee-Mischungen oder für ein Blütenpotpourri verwendet werden. Ringelblumen gedeihen übrigens bestens an einem Sonnenplatz, man kann sie prima aussäen und die Sämlinge später vereinzeln. Es gibt sie in verschiedenen Gelbtönen mit mehr oder weniger brauner Mitte.

Besonders hübscher Blumenschmuck lässt sich ebenso aus Kamille, blühenden Borretschblütenstielen, Schafgarbe, Frauenmantel, Ysop, Eibisch, Indianernessel, Duftpelargonien, Oregano, Rosmarin, Salbei sowie Blütendolden von Dill oder Fenchel fertigen. Verwenden Sie beim Binden keinesfalls mehr als drei oder fünf verschiedene Pflanzen oder Farben. Eine tolle Zugabe für Kräuter sind Rosen, Wicken, Gartenmargeriten, Kornblumen, Mutterkraut sowie Sonnenhut. Schön ist auch ein Gourmetstrauß mit blauen Borretschblüten und gelben Dilldolden.

Doch so groß die Vielfalt auch ist, die schönsten Gebinde ergeben sich im Vorübergehen, im Garten oder am Wegesrand.

Grüße aus dem Süden Frankreichs

Die Provence ist weltberühmt für duftenden Lavendel, köstliche Oliven und hübsch gemusterte Stoffe. Begleitet von den fantastischen Urlaubserinnerungen entstand der mediterran gedeckte Tisch (Foto S. 49 unten) mit den bezaubernd blühenden Lavendelpflanzen, einem leichten Landwein, in Knoblauchöl gerösteten Baguettescheiben, Tomaten und Kerzenschein: was für ein genussvolles Ambiente für den kleinen Hunger zwischendurch! Zu den klassischen Provence-Lavendel-Arten bzw. -Sorten gehört *Lavandula × intermedia* 'Fragrant Memories'. Diese Auslese fällt durch lange, blaue Blütenrispen auf, die selbst nach dem Verblühen noch einen starken Duft aussenden. Ebenso *Lavandula × intermedia* 'Grappenhall'. Auch diese Kreuzung zeichnen längere Blütenstängel und ein herrlicher Lavendelduft aus. Der stärkste Provence-Vertreter ist *Lavandula × intermedia* 'Grosso'. Er hat den höchsten Gehalt an ätherischen Ölen.

◄ **Perfekt kombiniert** Kräuter wollen längst nicht nur unter sich sein. Ein bildschönes Beispiel dafür, wie perfekt sich panaschierter Salbei (*Salvia officinalis* 'Icterina') und Peperoni in Gesellschaft von Purpurglöckchen, Hebe sowie Federgras im Topf ergänzen.

▶ **Strahlende Schönheiten** Ringelblumen *(Calendula officinalis)* sind nicht nur wertvolle Heilpflanzen, sie können sich, wie dieses lässige Blütenarrangement im Spankorb zeigt, auch als Tischdekoration sehen lassen.

▼ **Platz nehmen und wohlfühlen** Einfach himmlisch: Oliven, sonnengereifte Tomaten, Baguette, ein leichter Rotwein und das in Begleitung wohlduftender Kräuter!

▲ **Hübsche Herbst-Deko** Den dekorativen Zaunkasten teilen sich Buntblättriger Salbei (*Salvia officinalis* 'Tricolor'), Astern und Zierkohl. Er macht sich auch super als Tisch-Schmuck.

Duft ist einfach wunderbar!

Es gibt viele Möglichkeiten, sein Umfeld mit duftenden Pflanzen zu schmücken. Am beglückendsten ist es, wenn man Zeit und Muße für eigene Kreationen hat. Ideen dafür gibt es genug. Die hübschen Tontöpfe auf den Holzsteckern (siehe unten) sind relativ schnell gemacht und wirken besonders schön in Gruppen. Statt der verwendeten Lavendelblüten können die Gefäße auch mit Currykraut, Thymian oder Rosmarin umwickelt werden.

Duftpotpourris, gefragt seit eh und je

Schon im 16. Jahrhundert wussten unsere Vorfahren den Liebreiz eines Duftpotpourris zu schätzen. Die Zutaten sind im Wesentlichen die gleichen geblieben. Lediglich bei den Fixativen, die notwendig sind, damit sich der Duft möglichst lange hält, werden heute pul-

Weitere Pflanzen für Duftpotpourris

▶ Aniskraut (*Agastache anisatus*)
▶ Kampferkraut (*Balsamita vulgaris*)
▶ Kleinblütige Bergminze (*Calamintha nepetoides*)
▶ Lemongras (*Cymbopogon citratus*)
▶ Begrannter Ysop (*Hyssopus aristatus*)
▶ Indianernessel (*Monarda didyma*)
▶ Zitronen-Katzenminze
  (*Nepeta cataria* var. *citriodora*)
▶ Rosmarin-Arten (*Rosmarinus* spec.)
▶ Pfirsich-Salbei, rot (*Salvia greggii* 'Maraschino')
▶ Garten-Salbei (*Salvia officinalis*)
▶ Heiligenkraut, silbergrau
  (*Santolina chamaecyparissus*)
▶ Kümmel-Thymian (*Thymus herba-barona*)

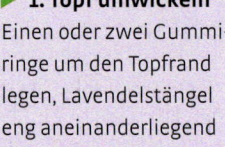

◀ **2. Schleife binden**
Den Gummiring mit Bast oder einem Stoffband verdecken und den Topf auf einen angespitzten Holzstab, 2,5 cm Durchmesser, stecken.

▶ **3. Deko platzieren**
Ein Teelicht in den Tontopf geben und in Sitzplatznähe fest in die Erde stecken.

▶ **1. Topf umwickeln**
Einen oder zwei Gummiringe um den Topfrand legen, Lavendelstängel eng aneinanderliegend darunterschieben.

verisierte Wurzeln von Duftveilchen und Iris verwendet, statt der damals üblichen tierischen Substanzen. Ein Duftpotpourri ist eine Fülle von Blüten, Blättern und Gewürzen, wohlriechender Öle sowie der genannten Fixiermittel. Geeignet ist praktisch alles, was die Natur uns an Farben, Formen und Duftvarianten bietet.

Ein Grundrezept zum Nachmachen: 3 Tassen getrocknete Lavendelblüten, 1 Tasse getrocknete Duftrosenblüten, ½ Tasse getrocknete Katzenminzeblätter, ½ Tasse getrocknete Römische Kamille, 3 Teelöffel Iriswurzel-Pulver, etwas Kardamom, 4 Tropfen ätherisches Lavendelöl, 3 Tropfen Zitronenöl, 2 Tropfen Rosenöl. Die getrockneten Pflanzenteile, Iriswurzelpulver und Kardamom in ein großes, verschließbares Gefäß aus Porzellan, Steingut oder Keramik geben und vorsichtig mit den Händen vermischen. Danach die ätherischen Öle darüberträufeln und alles nochmals sorgfältig mischen. Den Deckel darauflegen und das Potpourri etwa vier Wochen reifen lassen. Währenddessen immer wieder behutsam mischen, so verbinden sich die Düfte gut. Danach das Potpourri in ein dekoratives Gefäß aus Glas, Keramik, Holz oder Porzellan geben und zusätzlich mit ein paar getrockneten Lavendelspitzen oder duftenden Rosenblütenblättern dekorieren.

Neu auffrischen

Wenn der Duft nach einiger Zeit nachlässt, das Potpourri einfach kräftig durchmischen. Dadurch brechen die Blüten und Blätter und geben ihre Duftreserven frei. Sollte das nicht ausreichen, ein paar Tropfen des ursprünglichen ätherischen Öls darüberträufeln und alles locker mischen.

Schweden-Flair auf der Terrasse

Kleiner Aufwand, große Wirkung: Mit ein paar bunten Bändern, Schirmchen oder anderen Accessoires geschmückt, rücken Sie bepflanzte Gefäße noch mehr in den Mittelpunkt. Ein super Beispiel dafür ist der „Würzkorb" mit den Standardkräutern (siehe unten). Bepflanzungstipp: Zuerst den Korb mit Folie ausschlagen und eine Schicht Blähton einfüllen. Dadurch wird das permanente Durchnässen der Weide verhindert und die Kräuter leiden nicht unter Staunässe.

◀ Schweden-Look
Den geräumigen Weidenkorb teilen sich Petersilie, Schnittlauch, Salbei und Rotblättriges sowie Grünes Basilikum. Landestypisch herausgeputzt wird das Ganze durch Schirmchen und Bänder.

▶ Blumenmädchen
Mit reich geschmücktem Blütenkranz im Haar verteilt Angelina kleine, bezaubernde Kräutersträußchen in Mini-Tontöpfchen an die Gäste.

Sträuße und Kränze nach Lust und Laune

▲ ▲ ▶ **Hübsche Runde** Dieser Kranz mit den Borretschblüten ist schnell gemacht (siehe S. 53) und sieht auch getrocknet schön aus.

◀ **Was für eine Pracht!** Einmal durch den Garten und querbeet abschneiden, was einem gerade gefällt – schöner könnte das Ergebnis gar nicht sein. Gelbe Taglilien, verschiedenfarbige Monarden, Steppen-Salbei, Goldmelisse, Oregano und Dill.

▼ **Duftig leicht** Dieser locker gebundene Strauß mit Pfefferminze, Lavendelblüten, Bohnenkraut, Oregano und Melisse sieht überall gut aus. Als Tischschmuck, wenn Gäste kommen, in der Küche oder als Mitbringsel zur Einladung.

Schmuck aus Blumen und Kräutern ist jederzeit gefragt, ganz gleich ob Sie Gäste erwarten, die Tischdekoration zusammenstellen wollen oder in Form eines Türkranzes einen Willkommensgruß an der Haustür wünschen. Dabei kommt es weniger auf den Wert oder die Größe des Arrangements an, sondern vielmehr auf seine Ausstrahlung und Komposition.

Als Solisten machen sich zum Beispiel die Blütenstiele von Aniskräutern (Agastache-Hybride 'Blue Fortune', Agastache mexicana, Agastache foeniculum), Sonnenhut (Echinacea purpurea) oder Weinraute (Ruta graveolens) besonders schön. Bei der Weinraute sind Blüten wie Blattwerk gleichermaßen attraktiv, allerdings ist beim Ernten etwas Vorsicht geboten. Die Weinraute wirkt phototoxisch. Das heißt, wenn sie bei Sonnenschein berührt oder geschnitten wird, kann sie bei empfindlichen Menschen äußerst starke Hautreizungen verursachen. Deshalb generell nur bei bedecktem Himmel ernten und sich zusätzlich durch lange Gärtnerhandschuhe schützen.

Von wegen „Kräuter sind nur grün"

Beeindruckend, wie ein orangefarbener Ringelblumenstrauß automatisch alle Blicke auf sich zieht. Wer einen großen Tisch hat und es opulent mag, kombiniert das farbenfrohe Heilkraut mit den weißen Schaumblüten der wilden Möhre, blühenden Dilldolden, Borretschblüten und Oreganozweigen. In einem bauchigen Steingutgefäß oder Keramikkrug wirkt der Strauß besonders schön.

Mit bezaubernden gelben Blüten und silbergrauen Blättern begeistert das Heiligenkraut (Santolina chamaecyparissus) immer wieder aufs Neue. Als absoluter Hingucker in Rot und unschlagbarer Nasenschmeichler entpuppt sich der Ananas-Salbei (Salvia rutilans), dessen Blätter geradezu ein verschwenderisches Fruchtaroma aussenden. In faszinierenden Blautönen präsentieren sich Katzenminze (Nepeta × fassenii 'Walker's Low') und Lavendel (z. B. Lavandula angustifolia 'Siesta'). Sie alle lassen sich bestens mit Rosen kombinieren.

Am schönsten ist die Wirkung eines Straußes, wenn Sie dafür nicht mehr als drei oder fünf verschiedene Pflanzen oder Farben miteinander kombinieren. Und vergessen Sie vor dem Einstellen in die Vase nicht, alle Blätter im unteren Stielbereich zu entfernen. Sonst kommt es ruck, zuck zu Fäulnis, das Wasser wird modrig und beginnt zu müffeln.

Kränze – alles andere als altmodisch

Auch wenn Kränze eine Zeit lang nicht so sehr gefragt waren, gewinnen sie zusehends wieder Freunde. Zu Recht. Sind sie doch unwiderstehlich, wie der schlichte Würzkranz mit den entzückenden blauen Borretschblüten auf S. 52 oben rechts zeigt. Hierfür wurden Oregano, Bohnenkraut, Salbei, Rosmarin, Borretsch und als Hingucker lange Bohnenhülsen in gleichmäßigem Rhythmus auf einen Kranzkörper gelegt und mehr oder weniger fest mit Draht umwickelt. Der gezeigte Kranz wurde auf einen Holzkörper gebunden und sollte lieber getrocknet werden, als dauerhaft in Wasser zu liegen. Besser ist es, er wird, wie auf dem Foto zu sehen, nur an ein Gefäß oder einen Ständer angelehnt.

Wenn Sie einen Kranz mit frischen Blüten und Blättern bevorzugen, ist das auch kein Problem. Am besten besorgen Sie sich im Bastelbedarf einen Kranzkörper aus Frischblumensteckmasse. Diesen dann kurz in kaltes Wasser tauchen, Pflanzenstiele schräg anschneiden und gleichmäßig hineinstecken.

Das Trocknen eines Kräuterkranzes ist zwar ein Versuch wert, doch das Ergebnis ist nicht immer gleich zufriedenstellend. Zum einen lassen sich Farbveränderungen nicht vorhersehen und zum anderen schrumpfen viele Pflanzen sehr stark, Zitronenmelisse und Minzen gehören beispielsweise dazu. Dill- oder Fenchelkraut hingegen wird gerne braun oder die feinen Blätter vergilben und fallen ab.

Alternativ zur frischen Verarbeitung können Sie das Pflanzenmaterial direkt nach der Ernte trocknen und erst dann zu einem Kranz verarbeiten.

Tipps und Tricks
für den schön gedeckten Tisch

Je perfekter die Planung, umso schneller lässt sich die Tischdekoration realisieren. Das heißt, zunächst einmal sollte man das Menü festlegen. Sinnvoll ist es sicherlich auch, sich dem Anlass entsprechend ein Motto einfallen zu lassen, wenn es nicht schon durch Hochzeit, Taufe oder einen runden Geburtstag vorgegeben ist. Ziemlich trendy sind derzeit Motto-Partys der 50er-, 60er- und 70er-Jahre. Danach wird entschieden, ob das Fest im Garten, einem angemieteten Partyraum, einem Gasthaus oder in den eigenen vier Wänden ausgerichtet wird, welches Geschirr, Besteck und welche Servietten dafür in Frage kommen.

Kräuter-Deko ist etwas ganz Besonderes

Blumen und frische Kräuter aus dem eigenen Garten geben jedem Fest einen ganz besonderen Rahmen. Denn es kommt nicht darauf an, dass die einzelnen Blüten perfekt sind, sondern vielmehr auf Individualität. Schon der Anblick einer Dillblüte, begleitet von einem Rosmarinzweig (siehe Foto rechte Seite unten) löst Wohlbehagen aus.

Je schlichter die Tischwäsche, umso mehr rückt die Deko in den Mittelpunkt. Besonders empfehlenswert: naturfarbene Leinentücher mit ebensolchen oder unifarbenen Leinenservietten. Dadurch bekommt der Kräuterschmuck automatisch mehr Aufmerksamkeit. Sinnvoll ist auch schlichtes, einfarbiges, am besten helles Geschirr. Blumige Motive oder gar Streifenlook würden der natürlich gehaltenen Deko nicht nur die Show stehlen, sondern auch Unruhe ausstrahlen.

Beim Eindecken immer wieder von verschiedenen Standorten aus einen Blick auf die Tafel werfen und darauf achten, dass es unbedingt auch Höhen und Tiefen gibt. Höhe bringen zum Beispiel Kerzenständer oder Glaswindlichter. Beide können wunderbar mit Kräutern geschmückt werden. Ein Strauß mit Zweigen vom Olivenbaum, Lorbeer, Eukalyptus, Zitronen-Thymian, Apfel-Minze, Oregano, Salbei, Dilldolden, blühendem Basilikum, Lavendel und Duftpelargonien in einem Windlicht versunken, wirkt sehr beeindruckend. Eine passende Zugabe aus dem Rosengarten wären ein paar gefüllte Rosen in Weiß oder sanftem Rosaviolett. Für ein Aha-Erlebnis sorgen Wasserschälchen, in denen ein paar kontrastreiche Blütchen schwimmen, beispielsweise von Ringelblume oder Borretsch.

Natürliche Serviettenringe und pfiffige Namensschilder

Anstelle kunstvoll gefalteter Servietten oder klassischer Serviettenringe bieten sich junge Zweige von Thymian oder Rosmarin an. Sie lassen sich noch prima biegen und machen im Gegensatz zu Pfefferminze oder Zitronenmelisse nicht so schnell schlapp.

Für die Namenschilder besorgen Sie sich am besten kleine Tontöpfchen und Kupferschilder (bogenweise im Schreibwarenbedarf). Dann ein Körbchen voller unterschiedlicher Kräuter abschneiden, zum Beispiel Lavendel, Rosmarin, Thymian, Oregano, Heiligenkraut, Ysop, Currykraut, Petersilie, Katzenminze, Salbei, Schnittlauchblüten oder nach Belieben auch andere. Gläser in die Tontöpfe stellen, Wasser einfüllen und die Kräuter darin zu lockeren Sträußchen arrangieren. Besonders schön ist die Wirkung, wenn nicht alle Arrangements gleich aussehen. Danach Kupferschilder ausschneiden, mit den Namen der Gäste beschriften und in die Tontöpfchen legen und als Platzkarte verteilen. Nach dem Fest dürfen die Gäste ihr Schild zur Erinnerung mit nach Hause nehmen.

▲ So geht's

1. Das brauchen Sie: Weißes Laken (ohne Appretur), Schere, Servietten, Servietten-Textilkleber, Pinsel.
2. Motive ausschneiden, obere bedruckte Lage ablösen. Ausgewählte Stoffstelle mind. 1 cm größer als das Serviettenmotiv mit Textil-Medium grundieren.
3. Motive auf die angefeuchteten Stellen des Stoffes legen, über den Rand hinaus mit Textilkleber übermalen; Decke nach Herstellerangaben bügeln.

▲ Kleiner Aufwand, großartige Wirkung

Dank Serviettentechnik, verwandelt sich ein schlichtes Bettlaken im Handumdrehen in eine attraktive Kräuter-Tischdecke.

◄ Tellerschmuck mit würziger Note

Schlicht und ergreifend ist im wahrsten Sinne des Wortes die Wirkung von Dillblüte, Lavendel und Rosmarinzweig auf der grünen Leinenserviette. Eine Deko, die bei jeder Gartenparty garantiert gut ankommt.

Kräuter als Würze, Jungbrunnen und

Leckerbissen

◄ **Traumpaar** Frisches Basilikum und sonnenwarme Tomaten sind mit Olivenöl, Mozzarellakäse sowie etwas Salz und Pfeffer aus der Mühle der Sommerhit. Links: Genoveser Basilikum, ganz rechts Busch-Basilikum.

▶ **Essbare Blüten** Zugegeben, es kostet ein bisschen Überwindung, Blüten zu essen, aber im richtigen Verhältnis mit reichlich Blattsalaten und dem richtigen Dressing schmecken sie sehr delikat.

Schön und nützlich: Heilpflanzen

Nach welchen Kriterien Heilkräuter im Garten eingebunden werden, kommt auf den persönlichen Geschmack an und natürlich darauf, inwieweit wir sie auch zu gesundheitlichen Zwecken nutzen wollen. Sollen sie in erster Linie das Auge erfreuen und der Seele etwas Gutes tun, dann bieten sich farbenfrohe Prachtpflanzen wie Kamille, Muskateller-Salbei, Heiligenkraut oder Goldmelisse geradezu an. Wer sich hingegen mit Hausmitteln versorgen möchte, sollte auch einen Platz reservieren für Ringelblumen, Thymian, Pfefferminze & Co.

Gesundheit aus dem Kräuterbeet

Husten, Schlaflosigkeit, Insektenstiche oder Magenschmerzen – gegen viele Alltagsbeschwerden und Krankheiten ist ein Kraut gewachsen oder können wir Kräuter pflanzen, die uns im Akutfall Linderung bringen. Dabei kommt es nicht darauf an, wie groß die zur Verfügung stehende Fläche ist, sondern vielmehr darauf, inwieweit Sie Kräuter auch tatsächlich als Heilpflanzen nutzen wollen. Gute Kenntnisse gehören bei der Verwendung zu den wichtigsten Voraussetzungen. Ohne ein Minimum an Grundwissen wäre es unverantwortlich, mit den zum Teil stark wirksamen Heilpflanzen zu experimentieren.

Viele bekannte Küchenkräuter besitzen nicht nur würzende Eigenschaften, sondern sind häufig auch von großem Nutzen. Am bekanntesten und für Einsteiger einfach zu handhaben ist die Anwendung von Heilkräutern als Tee. Dafür können frische wie getrocknete Blätter verwendet werden. Relativ leicht lassen sich auch Heilsalben, -schnäpse, -weine, Tinkturen, Öle sowie Badezusätze zubereiten. Allerdings ist es sehr

▶ **Lindert Husten** Thymian wirkt desinfizierend, schleim-, hustenreiz- und krampflösend.

◀ **Super: Erkältungs-Kräuter aus eigener Ernte**
①Eibisch, ②Rettich, ③Lorbeer, ④Anis, ⑤Salbei, ⑥Borretsch, ⑦Schafgarbe, ⑧Pfefferminze, ⑨Echte Kamille, ⑩Busch-Basilikum, ⑪Spitz-Wegerich und ⑫Thymian (Beetgröße: ca. 4 × 2,5 m)

Tausendsassa Johanniskraut

▶ Johanniskraut (*Hypericum perforatum*) ist ein vielfach unterschätztes Heilkraut. Es wird innerlich in Form von Tee oder Fertigpräparaten (Apotheke) genutzt und wirkt u. a. beruhigend, entspannend, nervenstärkend sowie antidepressiv.

▶ Johanniskrautöl wird äußerlich angewendet und lindert vor allem Schmerzen bei Verbrennungen und Sonnenbrand. Auch bei Hexenschuss und Arthrose kann eine Einreibung mit Johanniskrautöl Erleichterung bringen.

wichtig, dass die dafür verwendeten Kräuter wegen der Schadstoffbelastung nicht direkt an einer viel befahrenen Straße geerntet werden. Ebenso ist der Einsatz von chemischen Pflanzenschutzmitteln verboten. Wenn diese Voraussetzungen nicht gegeben sind, ist es besser, die Pflanzen direkt bei einem Bio-Betrieb zu kaufen, da diese Betriebe strenge Regeln bei der Auf-

zucht zu beachten haben. Getrocknete Einzelkräuter in guter Qualität gibt es auch im Versandhandel sowie in der Apotheke. Was natürlich nicht zwangsläufig heißt, dass diese biologisch herangezogen oder gar handverlesen wurden. Diese Garantie hat man nur beim eigenen Anbau im Garten.

Optimaler Standort: sonnig und windgeschützt

Zu den faszinierendsten Eigenschaften von Heilpflanzen gehören ihre Schönheit und ihre mitreißende Lebensfreude. Zu den hübschesten Beispielen zählen die lebhafte, scharlachrot blühende Indianernessel, blau blühender Borretsch, orangefarbene Ringelblumen, die gelb-weiße Kamille oder der pinkfarbene Sonnenhut (*Echinacea*). Damit sich ihre Inhaltsstoffe optimal entwickeln können, ist ein windgeschützter Platz an der Sonne zwingend erforderlich. Kräuter brauchen zur Entwicklung der Aromen viel Wärme und Sonne und einen tiefgründigen, feinkrümeligen Humusboden. Nach dem Pflanzen die Erde regelmäßig gießen sowie unkrautfrei und locker halten.

▼ **Mini-Hochbeet mit Beruhigungs-Kräutern** ① Rosmarin; ② Provence-Lavendel 'Grappenhall', ③ Pfefferminze, ④ Dill, ⑤ Lavendel 'Hidcote Blue', ⑥ Anis, ⑦ Echte Kamille, ⑧ Zitronenmelisse, ⑨ Majoran und ⑩ Veilchen

▲ **Stimmungsaufheller** Johanniskraut *(Hypericum perforatum)* ist pflegeleicht und winterhart. Blätter und Blütentriebe werden gerne für Teezubereitungen verwendet.

Wildkräuter – wohlschmeckend, gesund und robust

Nachdem man essbare Wildpflanzen jahrelang mehr oder weniger unbeachtet am Wegesrand hat stehen lassen, erfahren sie heute geradezu einen Run. Was sicherlich damit zu tun hat, dass die aromatischen Gewächse zunehmend von der Gastro-Szene wiederentdeckt wurden und im Fernsehen in aller Munde sind. Giersch, Vogelmiere oder Gundelrebe: Wenn man sich ihre Inhaltsstoffe einmal genauer anschaut, ist es kaum zu glauben, dass sie so lange Zeit ein unbeachtetes Schattendasein geführt haben. Das ist heute anders. Durch Untersuchungen und Vergleiche der Inhaltsstoffe von Wild- und züchterisch weiterentwickelten Kulturpflanzen kennt man heute den Wert von Wildkräutern und weiß ihn auch durchaus zu schätzen. Dank ihrer großen Vielfalt und den in hohen Dosen enthaltenen Inhaltsstoffen gewinnen sie zunehmend an Bedeutung.

Was jedoch nicht heißt, dass sie ein Allheilmittel sind, und schon gar nicht, dass man sie in großem Stil überall ernten oder täglich in großen Mengen verzehren sollte. Ganz im Gegenteil. Verkosten Sie Bärlauch, Brunnenkresse, Löwenzahn & Co. zunächst in kleinen Mengen.

Beliebte essbare Wildkräuter

- ▶ Gänseblümchen (*Bellis perennis*): Frische Blätter und Blüten als Brotbelag, an Frischkäse und Blattsalate.
- ▶ Giersch (*Aegopodium podagraria*): Blätter fein gehackt an Salate, Kräuterbutter, Pesto und Suppen; Gierschtee (2 Tassen täglich) lindert Schmerzen bei Rheuma, Gicht und Arthritis.
- ▶ Gundelrebe (*Glechoma hederacea*): Junge Blätter und Schösslinge (vor der Blüte im Frühjahr) für Salate, Gemüsesuppe, Kartoffelgerichte, Quark und Kräuterbutter.
- ▶ Löwenzahn (*Taraxacum officinale*): Junge Blätter als Salat, an Kartoffelsalat, Gemüsegerichte oder klein geschnitten an Rühreier oder Frischkäse.
- ▶ Sauerampfer (*Rumex acetosa*): Junge Blätter in Frühlingssalate. Neben reichlich Vitamin C enthält Sauerampfer auch Oxalsäure, die bei überreichem Genuss zu Nierenstörungen führen kann. Deshalb nicht täglich oder in großen Mengen essen. Durchs Kochen wird die Oxalsäure abgebaut.

Nicht alle Wildpflanzen sind unbedenklich

Trotz aller Popularität und positiver Eigenschaften sollten Wildpflanzen nie willkürlich nach dem Motto „viel hilft viel" verwendet werden. Das wäre fatal. Außerdem ist es sehr wichtig, dass Sie alle Wildpflanzen, die Sie als Gemüse zubereiten oder zum Würzen verwenden, auch einwandfrei identifizieren können und auch jene kennen, die giftig sind. Bärlauch zum Beispiel kann leicht mit den Blättern von Maiglöckchen oder Herbstzeitlose (beide stark giftig!) verwechselt werden. Wer unsicher ist oder noch keine Erfahrung hat, sollte sich zwingend nicht nur theoretisch an Hand von Büchern damit beschäftigen, sondern unbedingt an professionellen Wildkräuterwanderungen teilnehmen, die in ländlichen Gegenden vom Frühjahr bis zum Herbst angeboten werden. Die Termine hierfür werden meist in der Tagespresse bekannt gegeben, auch Landratsämter, Volkshochschulen oder Kräuter- und Heilpflanzenschulen bieten entsprechende Kurse an.

◄ **Prachtvoll** Kamille, Goldmelisse, Eibisch, Thymian und Salbei sind eine Augenweide! Beim Ernten möglichst behutsam vorgehen und die Schätze locker in einen Korb legen.

▼ **Belebendes Fußbad** Eine Handvoll Heublumen in einem Liter Wasser zehn Minuten aufkochen; Absud in eine Schüssel warmes Wasser geben und die Füße etwa zehn Minuten eintauchen.

▶ **Spitz-Wegerich** *(Plantago lanceolata)* ist nicht nur ein probates Kraut bei Bronchialbeschwerden, er wirkt auch schmerzlindernd bei Hautentzündungen und Sonnenbrand.

▶ **1. Wiesenwundpflaster** Saubere, gesund aussehende Spitz-Wegerich-Blätter pflücken. Mit kaltem Wasser abspülen, gut abschütteln oder mit Küchenkrepp trockentupfen, bündeln und mit beiden Händen kneten, bis Saft austritt.

▶ **2. Saft bringt Linderung** Den austretenden, frischen Spitz-Wegerich-Saft auf die betroffene Hautstelle geben bzw. diese mit den Blättern einreiben. Die enthaltenen Wirkstoffe lindern Schmerzen.

Kräuter trocknen, einfrieren, aufbewahren

Frisch geerntete Gartenkräuter sind qualitativ kaum zu toppen. Deshalb liegt es natürlich nahe, dass man einen Teil seiner Ernten gerne für den Winter konservieren möchte. An Möglichkeiten mangelt es nicht.

Bewährte Konservierungsmethode: das Trocknen

Beliebt und schnell gemacht ist das Trocknen. Majoran, Thymian, Rosmarin, Salbei, Sommer-Bohnenkraut, Pfefferminze, Ysop, Zitronenmelisse oder Verveine sind hierfür bestens geeignet. Unter fruchttragende Kräuter wie Anis, Dill, Fenchel, Koriander oder Kümmel ein sauberes Tuch zum Auffangen der würzigen Samen legen.

Grundsätzlich die Kräuter unmittelbar nach der Ernte auf Schädlingsbefall oder Schadstellen hin überprüfen, dann jeweils sechs bis zehn einwandfreie Stängel zu einem Strauß binden und an einem warmen, trockenen und luftigen Platz aufhängen. Sobald die Kräutersträuße trocken sind – die Blätter rascheln dann bei Berührung –, diese von den Stielen streifen und in luftdicht schließende, dunkle Gefäße mit Schraubverschluss geben. Wer mag, kann sie zuvor zerkleinern, das Aroma bleibt jedoch besser erhalten, wenn die Blätter erst bei Gebrauch zerkleinert werden. Die Gefäße mit Inhalt und Datum beschriften; am besten nach Sorten oder Mischungen zusammenstellen. Haltbarkeit: bis zu einem Jahr.

▲ **Leichte Ernte** Salbei wächst in der Regel unproblematisch. Für die Ernte und damit sich der Halbstrauch schön entwickelt, die Triebspitzen regelmäßig abschneiden.

▼ **Erntezeitpunkt** Die ideale Tageszeit, um Kräuter zum Trocknen zu ernten, ist vormittags, sobald der Morgentau abgetrocknet ist. Die Aromaten müssen dafür von einwandfreier Qualität und unter optimalen Bedingungen herangewachsen sein, sonst wird das Ergebnis nur mittelmäßig ausfallen. Trocken-Kräuter luftdicht und grundsätzlich dunkel lagern.

Aromen auf Eis legen

Zum Einfrieren eignen sich vor allem Basilikum, Bohnenkraut, Dillkraut, Estragon, Kerbel, Liebstöckel, Majoran, Melisse, Petersilie und Schnittlauch. Der Vorteil beim Einfrieren ist: Die Inhaltsstoffe, das Aroma und die Farbe bleiben weitgehend erhalten. Allerdings bleibt ihr Aussehen dabei auf der Strecke. Daher ist es sinnvoll, Kräuter vor dem Einfrieren möglichst portionsweise vorzubereiten und bei Bedarf gefroren zu verwenden.

Die zum Einfrieren vorgesehenen Kräuter direkt nach der Ernte behutsam unter fließendem Wasser spülen, mit Küchenkrepp trockentupfen und nach Belieben in gefriergeeignete Beutel oder Dosen geben. Idealerweise werden die Kräuter zuvor fein gehackt und mit etwas Wasser in Eiswürfelbehälter gegeben. Die durchgefrorenen Eiswürfel später in gefriergeeignete Dosen umfüllen und mit Inhalt und Datum beschriften. Gefrorene Kräuter sind in der Regel bis zu acht Monaten haltbar.

Einfrieren: püriertes Basilikum mit Öl

▶ Basilikum lässt sich maximal acht bis zehn Monate lang einfrieren.
▶ Blätter abzupfen und mit etwas Öl pürieren. Die Masse in Einweg-Spritz-Beutel (z. B. Melitta Toppits®) geben, Kleckse auf ein Tablett spritzen und schockgefrieren.
▶ Gefroren in Gefrierbeutel oder -dosen geben, verschließen und endgültig einfrieren.
▶ Bei Bedarf zum Würzen (gefroren) verwenden.

▼ **Nicht zu warm!** Bei hoher Luftfeuchtigkeit im Raum kann man die gut verlesenen, ungewaschenen Kräuter auch in einem Dörrapparat oder im Backofen trocknen (max. 30 bis 40 °C, ab und zu wenden).

▲ **Schonend trocknen** Die gängigste und einfachste Methode, Kräuter zu trocknen, ist, sie zu lockeren Sträußchen zu binden und kopfüber an einem luftigen, warmen, schattigen Platz aufzuhängen. Nach wenigen Tagen sind sie rascheldürr.

Kräutertee: gesund und abwechslungsreich

Obwohl Kräutertees ganz wunderbar und immer wieder einzigartig schmecken, setzen sich eigene Kreationen nur zögerlich durch. Das ist sehr schade. Denn an Auswahl und Möglichkeiten, Kräuter aus dem eigenen Garten für feinen Tee zu nutzen, mangelt es nicht. Zum Geheimnis des guten Gelingens gehört, dass man nicht nur ein Kraut verwendet – das würde relativ langweilig schmecken und auch eher einem Heiltee gleichkommen –, sondern gleich mehrere miteinander kombiniert. Für Kräutertee-Einsteiger ist es empfehlenswert, die Aromaten zunächst einmal mit Schwarztee aufzubrühen. Indischer Darjeeling oder Ceylontee beispielsweise bieten sich wegen ihres lieblichen Aromas dafür an. Eine gute Basis sind allerdings auch Grüner und Rotbusch-Tee. Nach und nach empfiehlt es sich dann, den Schwarztee-Anteil zu verringern und die Kräuter zu erhöhen.

Tipps für die Zubereitung

Als Faustregel gilt: Für 200 ml Wasser ca. zwei Teelöffel zerkleinerte Trockenkräuter verwenden. Da Tee sich am besten in einem weiten Gefäß entfaltet, für die Zubereitung eine bauchige Tasse oder noch besser eine Kanne mit breitem Tee-Einsatz verwenden.
Für Kräuter-Vorräte werden Blätter, Blüten und Triebspitzen behutsam getrocknet, und zwar an einem luftigen, trockenen, jedoch nicht sonnigen Ort (siehe dazu auch S. 62/63). Kräuter, die an der prallen Sonne getrocknet werden, büßen sehr viel Aroma ein.

Sommer-Rezept

Sehr erfrischend und durstlöschend im Hochsommer: Zwei Beutel oder einen gehäuften Teelöffel Schwarztee

▲ **Dunkel aufbewahren** Getrocknete Tee-Kräuter gut verschlossen und trocken aufbewahren. Dafür eignen sich am besten Blechdosen oder Porzellangefäße mit Deckel.

▼ **Erfrischung gefällig?** Dann liegen Sie mit einem Verveine-Tee (Zitronenverbene) genau richtig. Einfach eine Handvoll Blätter abzupfen, in eine Teekanne geben, mit heißem Wasser übergießen, ziehen lassen, nach Belieben süßen.

in einem Teekrug mit einem Liter kochendem Wasser übergießen. Ein Bund Frischkräuter, beispielsweise Zitronenverbene, Zitronenmelisse, Pfefferminze und Ananas-Salbei sowie Scheiben von zwei unbehandelten Zitronen hinzufügen. Wer mag, kann noch frisch abgezupfte Blütenblätter einer Ringelblume und sechs bis acht Kamillenblüten sowie ein paar ungespritzte Duftrosenblütenblätter dazugeben. Das Ganze mit naturreinem Apfelsaft aufgießen und etwa zehn Minuten durchziehen lassen.

Kräutertee mit Apfelsaft kann warm und kalt getrunken werden. Er kommt besonders gut bei Kindern an. Allerdings für Kinder keinen Schwarztee – wegen des Tein-Gehalts – verwenden, sondern einfach die Menge der Teekräuter erhöhen und nach Belieben einen Teelöffel Anissamen hinzufügen. Sehr lecker schmeckt Kräutertee auch, wenn Sie etwas frische Ingwerwurzel mit aufbrühen.

In orientalischen Ländern ist es beispielsweise gang und gäbe, Schwarztee und Minzeblätter miteinander aufzubrühen. Hiervon gibt es neben der gewöhnlichen Pfefferminze noch eine ganze Reihe anderer, wohlschmeckender Auslesen.

Teekräuter für Beet und Topf

Name	Pflanzenteil für Tee
Anisysop (*Agastache foeniculum*)	Blätter
Echte Kamille (*Matricaria recutita*)	Blüten
Gewürz-Fenchel (*Foeniculum vulgare*)	Früchte/Samen
Zitronenverbene (*Aloysia triphylla*)	Blätter
Kretische Melisse (*Melissa officinalis* var. *altissima*)	Blätter
Pfefferminze (*Mentha × piperita* 'Mitcham')	Blätter
Marokkanische Minze (*Mentha spicata* var. *crispa*)	Blätter
Russische Minze (*Mentha × piperita* var. *citrata*)	Blätter
Goldmelisse (*Monarda didyma*)	Blätter, Blüten
Duftpelargonie (*Pelargonium crispum* 'Queen of Lemons')	Blätter
Anis (*Pimpinella anisum*)	Blätter, Früchte
Paraguay-Süßkraut (*Stevia rebaudiana*)	Blätter
Orangen-Thymian (*Thymus fragrantissimus*)	Blätter, Blüten

▲ **Verdauungstee** 15 g Angelikawurzel, je 20 g Melisseblätter, Hopfenzapfen, Majorankraut, Fenchelsamen und 5 g Wermutkraut (getrocknet) mischen, in eine Teedose füllen. Bei Bedarf 1 TL mit einer großen Tasse kochendem Wasser überbrühen, 7 Min. ziehen lassen, ungesüßt trinken.

▼ **Farbenfroh** Das Gros der Trockenkräuter in Einzelbehältern aufbewahren und bei Bedarf immer wieder kleinere Teemischungen kreieren. Diese hier stammen aus dem Kärntner Kräuterdorf Irschen.

Kräuteraroma in Essig, Öl, Pesto & Co.

◀ **Kräuteressige** Ob für den täglichen Bedarf oder als Mitbringsel: Selbst angesetzte Kräuteressige sind sehr aromatisch und kommen immer gut an.

▶ **Brotaufstriche für Knoblauchfans** Sie sind fix gemacht und schmecken super lecker auf getoasteten Vollkornbrotscheiben oder Stangenweißbrot.

▲ **Basilikum-Pesto für Nudel-Fans** Die wichtigsten Zutaten für die berühmte, würzige Soße: reichlich Knoblauch und frisches Basilikum, Pinienkerne, Parmesan.

◀ **Rosmarin-Öl** Zum Aromatisieren 2 bis 4 Stiele Rosmarin in eine saubere Flasche geben, mit ½ l Sonnenblumenöl aufgießen und das Gefäß verschließen. Danach 2 bis 3 Wochen an einem hellen Ort durchziehen lassen; durch ein Haarsieb abseihen und das angenehm würzige Öl in eine saubere, trockene Flasche abfüllen.

Essig und Öl

Nichts geht einfacher, als Essig oder Öl mit Kräutern zu aromatisieren. Dazu beispielsweise Basilikum, Bohnenkraut, Estragon, Thymian oder Rosmarin ernten. Die Stiele ein paar Stunden antrocknen lassen, danach leicht andrücken, damit sich die Aromen lösen und in eine saubere Glasflasche stecken. Dann mit neutralem Essig oder Öl übergießen und drei bis fünf Wochen an einem warmen, schattigen Platz reifen lassen. Das Gefäß täglich einmal leicht schütteln. Danach stets darauf achten, dass alle Kräuterteile mit Flüssigkeit bedeckt sind. Nach dieser ersten Reifezeit die Kräuter durch neue ersetzen und weitere zwei Wochen ziehen lassen. Jetzt erst das Öl oder den Essig durch ein Haarsieb abseihen, in eine dekorative Flasche umfüllen und beschriften. Nach Belieben zur Dekoration ein paar getrocknete Kräuterstiele in die Flasche geben.

Würzige Brotaufstriche

Schafskäseaufstrich (orangefarbene Creme): 125 g zerbröckelten Schafskäse, 20 g Butter und 1 TL Tomatenmark mit 4 zerdrückten Knoblauchzehen vermischen.

Kräuterbutter: 250 g weiche Butter, 1 Bund fein gehackte Petersilie, 2 Schalotten (in Würfel geschnitten) und 4 zerdrückte Knoblauchzehen mit dem Schneebesen des Handmixers vermischen, salzen und pfeffern.

Auberginenaufstrich: 3 zerdrückte Knoblauchzehen; die Haut von 2 kleinen Auberginen abziehen und mit etwas Wasser auf einem Backblech im vorgeheizten Ofen bei 200 °C garen. Abkühlen lassen, pürieren und mit dem Saft einer halben Zitrone, dem Knoblauch und 4 EL Olivenöl sowie Salz und Pfeffer vermischen.

Basilikumpesto für Pastafans

Zutaten: 4 bis 5 Knoblauchzehen, 50 g Pinienkerne, 1 TL Meersalz, 120 bis 150 g frische Basilikumblätter, 125 g Pecorino-Käse, 150 ml kalt gepresstes Olivenöl.

Olivenöl ist äußerst beliebt

Wer ein wirklich gutes Olivenöl möchte, muss beim Kauf darauf achten, wie es hergestellt wurde und wie hoch bzw. niedrig der enthaltene Ölsäuregehalt ist.

▶ Ein qualitativ gutes Öl sollte weniger als 1 % Ölsäure aufweisen, ein sehr gutes unter 0,5 %.

▶ Das heißt: Die Früchte hierfür wurden reif und von Hand gepflückt (ansonsten werden die Bäume geschüttelt und die Oliven in Tüchern aufgefangen) und so rasch wie möglich verarbeitet.

▶ 5 bis 6 Kilo Oliven ergeben etwa 1 Liter Öl, was den enorm hohen Preis erklärt.

Zubereitung: Knoblauch klein schneiden, mit Pinienkernen und Salz im Mörser zerstoßen. Basilikumblätter behutsam waschen, trockentupfen, grob schneiden und zur Knoblauchmasse geben. Das Ganze so lange im Mörser stampfen, bis eine cremige Masse entstanden ist. Den Käse darüberreiben, nach und nach das Olivenöl unterrühren.

Fertiges Pesto ist geschmeidig wie Mayonnaise und passt hervorragend zu Teigwaren, Gnocchi, gegrillten Tomaten, gekochtem Fleisch und verfeinert Suppen. Es schmeckt am besten frisch zubereitet.

Gewürze – unverzichtbar in der gesunden Küche

Gewürze sind und bleiben immer eine geheimnisvolle Speisen-Zugabe. Selbst wenn man ihre Eigenschaften gut zu kennen glaubt, so ist das Geschmacksempfinden von Mal zu Mal anders. Zum einen liegt es an der Dosierung, die sich selten exakt wiederholen lässt. In der Regel wird die Menge in Rezepturen nämlich in „Prise" angegeben, und die kann mal größer oder kleiner ausfallen. Zum anderen hängt die Intensität auch davon ab, unter welchen Bedingungen das Gewürz herangezogen und wie es für den Verzehr verarbeitet wurde.

Mehr Geschmack

Dank ihrer vielfältigen und reich vorhandenen Inhaltsstoffe sind Gewürze von großer gesundheitlicher Bedeutung:
▶ Fördern den Appetit: Chili, Ingwer, Paprika, Pfeffer, Piment, Senf
▶ Kurbeln die Magensaft-Produktion an: Curcuma, Meerrettich, Nelken, Paprika, Pfeffer, Senf
▶ Verdauungsfördernd: Basilikum, Chili, Knoblauch, Nelken, Senf
▶ Vorbeugend oder lindernd bei Blähungen: Anis, Basilikum, Dill, Fenchel-Samen, Knoblauch, Koriander, Kümmel, Majoran
▶ Durchblutungsfördernd: Chili, Knoblauch, Paprika, Rosmarin, Senf
▶ Antibakteriell wirken: Curcuma, Fenchel, Knoblauch, Kresse, Meerrettich, Nelken
▶ Keimhemmend (Bakterien, Pilze): Bohnenkraut, Knoblauch, Nelke, Oregano, Piment, Thymian, Zimt, Zwiebeln

Wissenschaftler bestätigen die Wirkung

Nach jahrelangen Forschungen ist es heute so, dass selbst die Skeptiker unter den Wissenschaftlern den enthaltenen bioaktiven Stoffen eine gesundheitsfördernde Wirkung zuschreiben. Dazu gehören neben ätherischen Ölen, Vitaminen und Mineralstoffen unter anderem auch Flavonoide, Saponine, Polyphenole sowie Phyto-Östrogene. Das sind Stoffe, die den Stoffwechsel anregen, Cholesterin senken, Keime töten, Entzündungen abklingen lassen, den Blutdruck regulieren helfen oder Autoimmunkrankheiten vorbeugen.

Gesund kochen mit Gewürzen

Gewürze machen unsere Speisen nicht nur bekömmlicher, sie geben ihnen auch das gewisse Etwas. Sie in den Alltag zu integrieren, ist zwar ganz einfach, braucht aber etwas Fingerspitzengefühl. Vor allem was die Dosierung betrifft. Gewürze werden überall in großer Auswahl angeboten, am häufigsten in benutzerfreundlicher, gemahlener Form. Zunehmend kommen gebrauchsfertige Mischungen hinzu, die ganz gezielt auf verschiedene Speisen ausgerichtet sind. Diese Darreichungsformen erleichtern die Handhabung natürlich enorm. Doch durch die Verarbeitung, so schonend sie auch durchgeführt wird, gehen zwangsläufig auch wertvolle Inhaltsstoffe verloren. Und: Nicht selten werden auch Zucker, Salz, Säuerungsmittel und Farbstoffe hinzugefügt.

Das Geschmackserlebnis von frischen oder getrockneten ganzen Blättern (Lorbeer), Samen (Anis, Dill, Fenchel oder Pfeffer), Beeren (Wacholder), Rinde (Zimt) oder Wurzeln (Ingwer) ist da schon weitaus intensiver.

▼ **Vielseitig** Kümmel *(Carum carvi)* wächst zweijährig. Im ersten Jahr treibt er weiße Blüten.

▲ **Stattlich** Fenchel *(Foeniculum vulgare)* treibt mannshohe Stängel und attraktive Blütendolden, in denen würzige Samen heranreifen.

▶ **Aromatisch** Kümmelsamen sind im Sommer des zweiten Jahres erntereif; sie enthalten reichlich ätherisches Öl.

▶ **Immergrün und aromatisch** Echte Lorbeer-Blätter sind dunkelgrün, glänzend und leicht gewellt. Der Strauch ist nicht winterhart.

▼ **Wacholder** *(Juniperus communis)* wächst anspruchslos und treibt blaue Beeren, die ab Oktober reifen.

▶ **Knoblauch** *(Allium sativum)* hat es in sich. Wenn die Blätter vergilben, Knollen aus der Erde ziehen und abtrocknen lassen.

Von der Magie der Exoten

▶ **Temperamentvoll** Die roten, kleinen Chilischoten sind super scharf, kurbeln die Verdauung an und wirken desinfizierend.

▲ **Ingwerwurzel** Ein frisch aufgebrühter Tee macht nicht nur fit, sondern hilft auch bei Reisekrankheit. Dazu zwei Tage vorher je zwei bis drei Tassen trinken.

◀ **Flexibel einsetzbar** Zitronengras (*Cymbopogon citratus*) ist in der Küche ebenso gefragt wie als Heilkraut. Man kann es im Topf heranziehen.

▶ **Das Aroma Indiens** Koriandersamen im Mörser zerreiben und in etwas Öl anrösten.

Wer jemals einen Gewürzmarkt besucht hat – in Asien oder einem der Mittelmeerländer – behält den betörenden Duft und die Farbenvielfalt für immer im Gedächtnis. Die enorme Leuchtkraft von rotem Pfeffer, das intensive Goldgelb von Curcuma-Pulver bleiben wie die Duftschwaden genauso unvergessen wie die attraktiven Samen von Griechisch-Heu, grünem Kardamom oder Nelkenpfeffer. Auch andere Exoten wie Cayennepfeffer, Galgantwurzel, Kassie, Kreuzkümmel, Nelken, Muskatnuss, Piment, Sternanis, Zimt oder Zitwerwurzel sind an Attraktivität kaum zu überbieten. Jedes dieser Gewürze verleiht nicht nur Speisen ihr wunderbares Aroma, sondern beglückt auch unsere Sinne.

Mehr als Salz in der Suppe

Gewürze schmeicheln dem Gaumen und verleihen Speisen das gewisse Etwas. Unser Essen wäre ohne sie um einiges langweiliger. Gute Gewürzmischungen regen nicht nur den Appetit an, sondern machen Speisen zudem bekömmlicher.

Noch vor wenigen Jahrzehnten waren viele Gewürze dem normalen Bürger völlig unbekannt, denn ein Großteil kam aus den Tropen zu uns. Das heißt, sie waren für Otto Normalverbraucher unerschwinglich und gehörten mehr oder weniger nur in herrschaftlichen Häusern zum Alltag. Immer wieder ist die Rede davon, dass früher viele Kräuter und Gewürze mit Gold aufgewogen wurden. Diese Zeiten gehören der Vergangenheit an. Heute finden wir in jedem Supermarkt eine ganz respektable Auswahl. Zwar gibt es nach wie vor eine Anzahl von sehr teuren Gewürzen, Safran gehört zum Beispiel dazu, doch ist heute jedem der Geschmack von Pfeffer, Koriander oder einer Currypulver-Mischung bekannt. Allerdings sind industriell hergestellte Gewürze meist nicht vergleichbar mit den im reifen Zustand geernteten Kräutern und Gewürzen, die wir im Garten heranziehen. Hinweise zu Anbau und Pflege der einzelnen Pflanzen finden Sie ab Seite 94. Die Pflanzen bringen reichlich Farbe, Duft und Abwechslung in Beete und Töpfe und damit letztlich auch auf den Tisch.

Pfeffer & Co. – frisch gemahlen ist am besten

▶ Beim Kauf von Gewürzen ist es empfehlenswert, ganze Samen beziehungsweise Körner oder Blätter zu bevorzugen. Auch wenn Sie zum Zerkleinern einen Mörser oder eine Gewürzmühle brauchen. Der Vorteil frisch gemahlener Gewürze liegt auf der Hand: Ihr Aroma ist unverfälscht und die notwendige Menge im Handumdrehen fertig.

▶ Gewürze nie auf Vorrat mahlen, das Aroma verflüchtigt sich rasch.

▶ Im Handel gibt es eine große Auswahl an Gewürzmühlen in verschiedenen Ausführungen (Metall, Kunststoff oder Holz) und Preislagen.

Gewürze im Beet und Topfgarten

Längst schon haben neben heimischen Doldenblütlern wie Anis, Dill und Fenchel auch Koriander und Kümmel ihren festen Platz in unseren Gärten gefunden. Zunächst mal begeistern sie uns durch die attraktiven Wuchsformen und aromatisches Blattwerk, ehe wir dann im Herbst die reifen Früchte des Sommers ernten können. Zugegeben: Die Ernte macht zwar Arbeit und verlangt viel Fingerspitzengefühl, aber spätestens dann, wenn wir sie im Glas oder in der Dose haben, werden uns diese Schätze beglücken.

Ein super Gewürz für Eintöpfe, Fisch- und Fleischgerichte sind Lorbeerblätter, die in der Regel getrocknet angeboten werden. Wer ein Lorbeerbäumchen im Kübel hat, kann ganzjährig auf frische Blätter zurückgreifen.

Für Genießer:
Knackige Salate zum Sattessen

Salat für heiße Tage

Zutaten für vier Personen: 1 Kopf Eissalat, 2 rosa Grapefruits, 3 Möhren, 1 Bund gemischte Kräuter (z. B. kleinblättriges Basilikum, Dillkraut, Petersilie, Schnittlauch, Fenchelkraut, Kapuzinerkresseblüten).
Marinade: Je 2 EL Essig, Zitronensaft, Olivenöl, Wasser, 1 TL Kräutersalz, 1 Prise Zucker, 3 EL Sonnenblumenöl, Pfeffer aus der Mühle, 2 Frühlingszwiebeln in feine Ringe geschnitten.
Zubereitung: Salat waschen, trockenschleudern. Grapefruits filetieren; Möhren raspeln; Kräuter fein hacken. Kresseblüten behutsam waschen und auf Küchenkrepp legen. Vorbereitete Salatzutaten unmittelbar vor dem Servieren mit Marinade begießen, gut vermischen. Mit Kresseblüten dekorieren (Foto unten links).

Gurken-Sellerie-Salat

Zutaten für 6 Personen: 1 Salatgurke, 1 Stangen-Sellerie, 3 Birnen, 2 Zitronen, 1 Bund Estragon, 1 Bund Minze, 100 ml Pflanzenöl, 100 g Pinienkerne, Salz, Pfeffer, 2 Gläser Feta-Käse (z. B. von Patros) in Öl.
Zubereitung: Gurke in Scheiben hobeln und salzen. Sellerie waschen, in 5 cm lange Scheibchen schneiden. Zitronen heiß abwaschen und die Schale fein abreiben. Saft auspressen, mit Salz, Pfeffer und Honig zu einer Marinade rühren. Einige Estragon- und Minzezweige

▲ **Vitaminreicher Knacksalat für jeden Tag** Eissalat, Radicchio, Grapefruit, Möhren, Kapuzinerkresseblüten und jede Menge Würzkräuter frisch vom Beet – ein Salat so richtig zum Sattessen. Dazu Körnerbrötchen reichen.

▼ **Unverzichtbar** Petersilie gehört zu den bekanntesten Küchenkräutern; sie passt an nahezu alle Salate. Es gibt glatt- und krausblättrige Sorten.

beiseitelegen, von den restlichen die Blättchen abzupfen und fein gehackt zur Marinade geben. Käsewürfel abseihen, Öl auffangen und unter die Marinade rühren. Birnen fein schneiden. Die Gurken-, Sellerie- und Birnenscheiben behutsam mischen und ¾ der Marinade darübergießen. Pinienkerne fettlos rösten und abkühlen lassen. Käse-Würfel und Pinienkerne über den Salat geben und mit Kräutern dekorieren. Restliche Marinade über den Salat geben (Foto unten rechts).

Sommersalat mit frischen Himbeeren

Zutaten für 4 Personen: 1 großer Kopfsalat (z. B. Eichblatt, Eissalat), 200 g Himbeeren, 150 g Crème double, 1 TL feiner Zucker, etwas gemahlener grüner Pfeffer, Saft einer ½ großen Zitrone, 3 bis 4 Zweige frische Apfel-Minze, 150 bis 200 g gekochter Schinken.
Zubereitung: Kopfsalat waschen und die Blätter portionsweise auf Tellern anrichten. Die Himbeeren darauf verteilen und kühl stellen. Dann die Crème double, Zu-

cker und grünen Pfeffer mit dem Zitronensaft in einer Schüssel verrühren. Die Minzeblättchen abzupfen und in feine Streifen schneiden und unter das Dressing ziehen. Über die Salatherzen gießen. Den Schinken in Streifen schneiden und auf dem Salat verteilen.

Feldsalat mit Champignons

Zutaten für 4 Personen: 400 g Feldsalat, 1 EL Himbeer-Essig, Salz, Pfeffer aus der Mühle, etwas Senf, 2 EL gehackte Frischkräuter (Schnittlauch, Dill, glatte Petersilie); zum Garnieren: 50 bis 60 g durchwachsener Speck, 100 g Champignons, 3 EL Rapsöl.
Zubereitung: Feldsalat waschen und abtropfen lassen. Für die Soße Himbeeressig mit Salz, Pfeffer und Senf verrühren, Kräuter zugeben, das Rapsöl unterrühren. Abschmecken und über den Salat geben. Speck in Würfel schneiden und in der Pfanne auslassen. Danach abtropfen lassen und mit Champignon-Scheiben über dem Salat verteilen.

◀ **Blattsalat mit Früchten** Ein super leckerer Salat mit knackigem Kopf- oder Eissalat, aromatischen Himbeeren, gewürzt mit grünem Pfeffer und etwas frischer, fein gehackter Apfel-Minze.

▶ **Verblüffend anders** Diese Vorspeise mit Gurken-Sellerie-Salat, abgerundet mit aromatischen Birnen, frisch gehacktem Estragon und Pfefferminze, verlangt nach Wiederholung.

Frischkräuter: aromatisch, gesund, vielseitig

▼ **Lammauflauf mit Gemüse** Zu diesem leckeren Eintopfgericht schmecken Eissalat, Radiccio, Kopfsalat oder Postelein, mariniert mit einer schlichten Vinaigrettesoße, ganz vorzüglich.

▲ **Ein Kräuterschaumsüppchen passt immer** Entweder mit einem getoasteten Brötchen als Zwischenmahlzeit für den kleinen Hunger oder als Vorspeise eines Menüs.

▼ **Festlich** Königskrabben (Riesengarnelen), angerichtet auf Fenchel und gewürzt mit frischem Rosmarin, Thymian, Lavendelblüten sowie Knoblauchzehen

Aniskraut, Petersilie oder Rosmarin – ohne Kräuter würden die täglichen Speisen deutlich fader ausfallen. Andere Würzkräuter wiederum sorgen für eine bessere Bekömmlichkeit. Dabei spielt es keine Rolle, ob es sich um Suppen, Fleischgerichte, Gemüse, Salate oder Desserts handelt. Die Vielzahl der Kräuter, die heute im Garten und Topf gedeihen, lässt jedenfalls kaum noch Geschmackswünsche offen.

Lammauflauf mit Gemüse

Zutaten für 4 Personen: 600 g Lammfilet, 1 rote Peperoni, 1 Glas Feta-Käse in Öl (z. B. Patros), je 1 kleiner Zweig Rosmarin, Thymian und Majoran, 1 Knoblauchzehe, 800 g kleine, festkochende Kartoffeln, 500 g feste Tomaten, Salz, Pfeffer aus der Mühle, 200 ml Sahne.
Zubereitung: Lammfilet waschen, eventuell Haut entfernen und trockentupfen. Peperoni waschen, putzen und fein würfeln. Käse abtropfen lassen, dabei das Öl auffangen, mit Peperoni, Kräutern und zerdrückter Knoblauchzehe mischen und das Lammfilet zwei Stunden darin marinieren.
Kartoffeln kochen, pellen, halbieren. Tomaten mit heißem Wasser übergießen, häuten und je nach Größe vierteln oder halbieren. Das Filet in der Pfanne bei starker Hitze kurz anbraten, in Stücke schneiden und in eine Auflaufform mit Deckel geben. Mit Salz und Pfeffer würzen. Kartoffeln und Tomaten einschichten, salzen, pfeffern und Käse-Würfel darübergeben. Mit 4 EL der Kräutermarinade beträufeln, Sahne darübergießen und bei 200 °C zugedeckt 30 Minuten im Backofen garen; dann den Deckel runternehmen und weitere 10 bis 15 Minuten garen.

Schaumsüppchen von Frühlingskräutern

Zutaten für 4 Personen: Je 1 Bund frisches Basilikum, Kerbel, Bärlauch oder außerhalb der Saison wahlweise Schnittlauch, 800 ml heller Geflügelfond, 100 g kalte Butterwürfel, 100 g Brunch Légère, 1 bis 2 EL geschlagene Sahne, etwas Salz, frisch gemahlener Pfeffer.

Schnell gemacht und vielseitig: Schnittlauch-Thymian-Butter

▶ 125 g Butter, eine starke Prise Salz, 2 EL Schnittlauch, 1 EL Zitronen-Thymian und 1 EL bunte Pfefferkörner.

▶ Butter in Schüssel geben, salzen, im Mörser fein zerstoßenen Pfeffer und gehackte Kräuter hinzufügen, gut verrühren. Butter auf Frischhaltefolie geben, rollen und bis zum Gebrauch kühlen.

▶ Passt zu Grilladen und gebratenem Fisch.

Zubereitung: Kräuter behutsam waschen, trockenschütteln und die Blätter von den Stielen zupfen. Danach den Geflügelfond aufkochen und von der Kochstelle nehmen. Geflügelfond, Butter, Brunch und Kräuter mit dem Pürierstab schaumig aufschlagen. Die Sahne unter die Suppe ziehen. Nach Geschmack mit Salz und Pfeffer würzen und sofort servieren.

Königskrabben auf Fenchel

Zutaten für 4 Personen: 12 Riesengarnelen (Crevettes Royales) ohne Kopf und Schale, 3 Fenchelknollen, 1 Knoblauchzehe, 2 Zweige Lavendelblüten, 3 Zweige Thymian, ½ Zweig Rosmarin, ½ Bund Blattpetersilie, Olivenöl, Meersalz, Pfeffer aus der Mühle, 80 g Toastbrotscheiben, frisch gerieben.
Zubereitung: Zuerst den Fenchel putzen und in Spalten schneiden, zusammen mit Knoblauch und Lavendel auf ein Backblech legen und mit Meersalz sowie Pfeffer würzen; reichlich Olivenöl drüberträufeln. Gemüse bei 180 °C etwa 20 Minuten schmoren. Die Riesengarnelen mit Salz und Pfeffer würzen und in einer heißen Pfanne mit Olivenöl scharf anbraten. Die Hitze nach etwa 2 Minuten reduzieren und Toastbrotkrümel sowie frisch gehackte Kräuter dazugeben. Je drei Garnelen auf geschmortem Fenchel anrichten, mit Olivenöl beträufeln und mit Kräutern garnieren.

Leckere Rezepte für jeden Tag

Wildkräutersuppe mit Gänseblümchen

Zutaten für 2 Personen: Etwa 100 g Wildkräuter (Brennnesselblätter, Löwenzahnblätter, Giersch, Süßdoldenkraut), Salz, 1 bis 2 Frühlingszwiebeln, 1 EL Rapsöl, 100 ml Milch (1,5 % Fettgehalt), 1 Beutel Knorr Feinschmecker Lauchcreme-Suppe, etwas frisch gemahlene Muskatnuss, Gänseblümchen zum Garnieren.

Zubereitung: Wildkräuter waschen und gut trockenschütteln, harte Stiele entfernen. Brennnessel für 15 Sekunden in kochendes Wasser geben (blanchieren). Danach sofort für 2 Sekunden in Eiswasser tauchen und gut abtropfen lassen. Alle Kräuter hacken, dabei einige besonders schöne Blätter für die Garnitur beiseitelegen. Frühlingszwiebeln waschen, putzen und in Ringe schneiden. Einige grüne Zwiebelringe ebenfalls zum Garnieren beiseitestellen, den Rest in einem Topf in heißem Rapsöl andünsten. Kräuter hinzufügen und 1 Minute mitdünsten. 400 ml Wasser und Milch zugießen und aufkochen. Feinschmecker-Lauchcreme-Suppe einrühren und bei schwacher Hitze 2 Minuten kochen. Die Suppe mit Muskat abschmecken und mit Kräuterblättchen, Frühlingszwiebelgrün und Gänseblümchen garnieren, sofort servieren.

Deftiger Kräuter-Käse-Kuchen

Zutaten (Springform 26 cm Durchmesser, 12 Stücke): 300 g mittelalter Gouda, 250 g Mehl, 125 g Margarine, z. B. Sanella, etwas Salz, frisch geriebene Muskatnuss, 60 ml Wasser, je ½ Bund Schnittlauch und Petersilie, 1 mittelgroße Möhre, 1 kleine Peperoni, 3 Eier, 500 g Magerquark, 100 ml Rama Cremefine zum Verfeinern, 4 EL Grieß, frisch gemahlener Pfeffer.

▶ **Frühlingspower** Ein leckeres Wildkräutersüppchen mit frischen Brennnessel- und Löwenzahnblättern, etwas Giersch und Süßdolde. Dazu als essbare Deko: frisch gepflückte Gänseblümchen

Zubereitung: Käse fein reiben. Mehl in eine Rührschüssel geben, kalte Margarine in Flöckchen auf das Mehl geben und mit 50 g Käse, Salz, Muskat und 60 ml Wasser mit den Knethaken des Handrührers zu einem geschmeidigen Teig verarbeiten. In Folie gepackt ca. 30 Minuten in den Kühlschrank stellen. Kräuter waschen, trockentupfen und fein hacken. Möhre schälen und fein raspeln, Peperoni entkernen und sehr klein schneiden. Restlichen Käse, Eier, Quark und Cremefine miteinander verrühren. Grieß, Möhrenraspel, Kräuter und Peperoni nacheinander unterheben und mit Salz, Pfeffer und Muskat abschmecken. Teig in einer gefetteten Springform ausrollen, dabei einen Rand hochziehen. Die Käse-Masse auf den Teig geben und im vorgeheizten Backofen bei 200 °C (Umluft 175 °C) ca. 45 Minuten backen.

Frühlingssalat mit gebratenem Kräutersaibling

Zutaten (Vorspeise für 4 Personen): 4 kleine, grüne Salatherzen, 1 mittelgroße Fenchelknolle, 200 g Möhren, 2 reife Sharonfrüchte, 40 BIS 60 g Pinienkerne,

Vinaigrette: 75 ml Alpro soja Cuisine, 1 unbehandelte Orange, 1 Chilischote, 20 g frischer Ingwer, 3 EL Aceto Bianco-Essig, je ½ Bund frische Melisse, glatte Petersilie, Blatt-Koriander, 4 Saiblingfilets, 3 EL Öl.
Zubereitung: Salatherzen putzen, waschen, abtropfen lassen. Fenchelknolle und Möhren putzen, waschen und fein würfeln. Sharonfrüchte waschen, nach Belieben schälen, halbieren, in Spalten schneiden. Pinienkerne in einer beschichteten Pfanne rösten und beiseite stellen. Für die Vinaigrette Orangenschale abreiben, Saft einer halben Orange auspressen. Chili entkernen, Frucht fein hacken. Ingwer schälen und fein reiben. Alpro soja Cuisine, Orangensaft, Chili, Essig, Salz und Pfeffer verrühren. Kräuter waschen, trockentupfen und fein schneiden. Die Hälfte zur Vinaigrette geben. Saiblingfilets waschen, trockentupfen, beidseitig salzen und pfeffern. Öl in einer beschichteten Pfanne erhitzen, Fisch rundherum 4 Minuten darin braten. Kurz vor Ende der Bratzeit die Kräuter hinzufügen. Salatzutaten mit der Vinaigrette mischen, mit Fisch und gerösteten Pinienkernen anrichten. Tipp: Anstatt der Chilischote können Sie auch rote, gelbe oder orangefarbene Paprika verwenden.

▲ **Deftiges für Feinschmecker** Kuchen muss nicht zwangsläufig süß sein: Dieser hier schmeckt dank Gouda-Käse, Quark, Muskatnuss, scharfer Peperoni und Frischkräutern ganz schön „exotisch".

▼ **Würzige Vinaigrette** Die Salatsoße mit frischer Melisse, Petersilie, Blatt-Koriander, Chilischote, Sharonfrüchten und etwas frisch geriebener Ingwer-Wurzel anrichten.

Noch was Süßes zum Abschluss!

Kräuter sind nicht nur für deftige Speisen oder in der leichten Küche von großer Bedeutung, sondern werden zunehmend auch zum Aufpeppen von Desserts genutzt. Wie lecker das schmeckt, können Sie selbst ausprobieren.

Pfirsichtarte mit Minzeguss

Zutaten für Tarteform, 26 cm Durchmesser:
1,5 kg Pfirsich, 1 fertiger (ausgerollter) Blätterteig aus dem Kühlregal; Backpapier.
Für den Guss: 2 Eier, 200 ml Créme fraiche, 60 g Zucker, 1 Päckchen Vanillezucker, 20 frische Pfefferminzblätter, fein gehackt, Puderzucker.
Zubereitung: Pfirsich mit kochendem Wasser übergießen. 15 bis 20 Sekunden – bei sehr festen Früchten auch etwas länger – im Wasser lassen, mit kaltem Wasser abspülen, die Haut abziehen. Pfirsiche in 2 cm dicke Spalten schneiden. Teig in die mit Backpapier ausgelegte Form geben. Einen Rand von 2 cm andrücken, den restlichen Teig abschneiden. Den Boden mit einer Gabel einstechen. Pfirsichspalten im Kreis arrangieren. Im vorgeheizten Backofen bei 180 °C 30 Minuten backen. Alle Zutaten für den Guss mit dem Schneebesen vermischen. Nach 30 Minuten Backzeit den Guss auf den Pfirsichkuchen gießen. Weitere 15 bis 20 Minuten goldgelb backen, bis der Guss fest ist. Tarte in der Form erkalten lassen. Auf einer Platte anrichten und den Rand mit Puderzucker bestäuben.

Leichtes Melonen-Sorbet

Zutaten für 2 Personen: Mindestens ½ Wassermelone, 250 ml Prosecco, Zucker nach Belieben.
Zum Garnieren: Frische Minzeblätter, Kugeln und Kegel verschiedenfarbener Melonen vorbereiten.

Zubereitung: Wassermelone pürieren, durch ein Sieb passieren und in der Sorbetiere (oder im Tiefkühlfach) cremig frieren. Das fertige Sorbet in gekühlte Schälchen füllen und mit den vorbereiteten Früchten und frischen Minzeblättchen auf Tellern anrichten.
Tipp: Für Kinder das Sorbet anstelle mit Prosecco mit Königskerzensirup (Bioladen, Reformhaus) zubereiten. Dazu 2 EL des Sirups mit 200 ml Mineralwasser auffüllen, Zubereitung ansonsten wie oben.

Zitronenzucker

Zutaten: 500 g sehr feiner Zucker, je 10 frische Blätter Zitronenverbene und Zitronenmelisse, 3 Tropfen ätherisches Zitronenöl (naturrein), abgeriebene Schale einer unbehandelten Limette.
Zubereitung: Alles gut miteinander vermischen und in ein Schraubverschlussglas geben. Den Inhalt täglich ein bis zwei Mal kräftig durchschütteln. Nach etwa zwei Wochen können Sie den Zucker verwenden, z. B. zum Backen oder für Obstsalate.

Gebackene Salbeiblätter

Zutaten: 150 g Mehl, ⅛ l helles Bier, Salz, Zimt, 2 Eier, 16 frische Salbeiblätter, Öl zum Ausbacken; 4 *Physalis*-Früchte (Kap-Stachelbeere), je 125 g Blau-, Him- und Brombeeren, etwas Zimtzucker, 4 Kugeln Joghurt-Eis.
Zubereitung: Mehl mit Bier verrühren, ca. 20 Minuten quellen lassen. Mit Salz und Zimtzucker würzen. Die Eier dazugeben und den Teig glattrühren. Öl auf etwa 170 °C erhitzen. Salbei waschen, trockentupfen, durch den Teig ziehen und in heißem Öl goldbraun ausbacken. Mit Eis und Beeren anrichten und mit Zimtzucker bestäuben.

▼ **Außergewöhnlich lecker** Diese cremig-saftige Pfirsich-Tarte mit Pfefferminzeguss lässt Genießerherzen garantiert höher schlagen. Eine Tasse Cappuccino dazu und der Tag ist gerettet.

▲ **Erfrischend zitronig** Eisgekühlter Drink aus Mineralwasser oder stillem Wasser mit frischer Zitronenmelisse und Zitronenscheiben.

◄ **Melonen-Sorbet mit Pfefferminzblättchen** Ein herrlich leichter und zugleich erfrischender Nachtisch für heiße Sommertage – wegen des Proseccos allerdings nur für Erwachsene

▲ **Zitronen-Zucker** Dieser intensiv nach Zitrus duftende Zucker gibt Rührkuchen, Vanillepudding, Sahne, Kaiserschmarren, Quarkdessert und anderen Süßspeisen eine zitronige Note.

Selbst gemachte Bade-Essenzen und Salben-Klassiker

Es ist wunderbar, wie vielseitig man Kräuter verwenden kann. Bei dem unüberschaubaren Angebot von Bade-Essenzen, Seifen und sonstigen Wohlfühlmitteln ist es nicht verwunderlich, dass man auch gerne mal etwas ganz Individuelles ausprobieren mag. Selbst auf die Gefahr hin, dass es auf Anhieb nicht gleich optimal gelingt. Wenn das der Fall ist, nehmen Sie es gelassen, denn es ist wie beim Kochen – erst die Übung macht den Meister.

Kräuterbad – erfrischend und prickelnd

Sehr einfach lässt sich zum Beispiel ein Fußbadesalz herstellen. Dazu 2 bis 2 ½ kg Meersalz, 20 bis 25 Lavendelblüten, 10 Rosmarinzweige, 20 Salbeiblätter, 8 Duftrosenblüten sowie ätherisches Lavendel-, Rosen- und Zitronenöl bereithalten.

Meersalz in eine große Keramikschüssel geben. Die Blütenblätter der Duftrosen einzeln abzupfen und dazugeben, ebenso die Lavendelblüten, Rosmarinnadeln und die Salbeiblätter. Zu guter Letzt noch 10 Tropfen ätherisches Lavendelöl, 2 Tropfen ätherisches Rosenöl, 5 Tropfen ätherisches Zitronenöl drüberträufeln und mit den Händen oder einem Kunststoffbesteck gut vermischen. Danach das aromatisierte Salz in Einmachgläser abfüllen und verschließen (hält sich jahrelang). Bei Bedarf 3 Esslöffel Kräutersalz entnehmen, in kochend heißes Wasser geben und ein paar Minuten warten, bis es so weit abgekühlt ist, dass die Temperatur angenehm für die Füße ist.

▼ **Wellness in der Badewanne**
Ein stimulierendes, belebendes Bad in Rosmarin-Salz bringt Sie nach einem stressigen Tag garantiert wieder in die Gänge.

▶ **Kräuterseifen, gefragter denn je!** Natürliche Seifen mit Kräutern wie Salbei, Thymian oder Zitronenmelisse als Zugabe erleben einen richtigen Boom.

▲ **Aloe Vera** hilft bei Sonnenbrand. Die betroffene Stelle mit der frischen Schnittfläche abtupfen.

Für ein beruhigendes Kräutervollbad ein Leinenbeutel-
chen oder einen Frotteehandschuh mit 3 Teilen Kamil-
leblüten und -blättern, 2 Teilen Mädesüßkraut und je
2 Teilen Lavendel- und Lindenblüten füllen. Mit einem
Band am Wasserhahn befestigen und so platzieren,
dass das heiße einfließende Wasser über die Kräuter
läuft. Wer es samtig mag, gibt noch 4 Esslöffel Sahne
dazu, das macht die Haut schön weich und pflegt. Man
kann die Kräuter auch direkt ins Badewasser geben.
Dann muss man natürlich vor dem Ablassen des Was-
sers die Pflanzenteile herausfischen, sonst kann es zur
Rohrverstopfung kommen, vor allem, wenn Trocken-
kräuter verwendet wurden, denn sie klumpen schnell.
Bei trockener Haut 100 g Zitronenmelisse mit 1 Liter
Wasser aufbrühen und 10 Minuten ziehen lassen.
1 Liter Buttermilch, den Kräutertee und ½ Teelöffel voll
Weizenkeimöl ins Badewasser geben. Bei unreiner
Haut empfiehlt sich statt der Zitronenmelisse die
Zugabe von einem Thymian-Sud (Zubereitung wie für
trockene Haut). Allerdings statt Buttermilch 2 Liter
Molke ins Badewasser geben.

Ringelblumensalbe für Gärtnerhände

So wird sie gemacht:

▶ 50 g frische Ringelblumen-Blütenblätter in einen Topf geben, mit 2 ½ Tassen kaltem Wasser übergießen und über Nacht stehen lassen.

▶ Dann die Masse in einem Topf erhitzen und
so lange sanft köcheln lassen, bis das Wasser
weitgehend verdampft ist. 250 g Lanolin (Apotheke) dazugeben und verrühren. Sobald kein
Dampf mehr über dem Fett aufsteigt, die Rin-
gelblumen-Lanolin-Masse durch ein sauberes
Leinentuch pressen und in warmem Zustand
mit einem Kunststofflöffel in verschließbare
Tiegel abfüllen. Salbe erkalten lassen, Gefäße
verschließen und beschriften.

▶ Haltbarkeit: 6 Monate.

▶ Ringelblumensalbe ist empfehlenswert bei
rissigen Händen, Schnittwunden, Sonnenbrand, Blutergüssen und Quetschungen;
bei Bedarf mehrmals täglich dünn auftragen.

▼ **Reinigungsmilch** 4 EL gehackte Minze
in 400 ml Milch abgedeckt über Nacht kühl
stellen. Pürieren, in einen Topf geben und
2 Minuten köcheln lassen. Nach dem Abkühlen durch ein Mulltuch filtern, in eine
Flasche füllen und im Kühlschrank aufbewahren. Innerhalb einer Woche verbrau-
chen.

▲ **Selbermachen** Ringelblumen-Salbe ist seit jeher ein hilfreiches Haus-
mittel. Sie wirkt wundheilend und entzündungshemmend und gehört in jede
Hausapotheke (Rezept siehe oben).

Das große Pflege 1×1

▶ **Qualität zahlt sich aus** Beim Kräuterkauf unbedingt darauf achten, dass die Pflanze rundum gesund aussieht, also keine Blattflecken hat, nicht von Schädlingen befallen ist und der Wurzelballen nicht modrig riecht.

▶ **Eine Augenweide** Auch nach einem warmen Gewitterregen können sich Salbei und Borretschblüten sehen lassen. Mit von der Partie: Dillkraut (rechts oben) und Rosmarin (ganz unten).

Kräuterträume werden wahr

◀ **Gourmetkasten** Etwa vier Wochen nach dem Auspflanzen hängen sich das kleinblättrige Basilikum, Oregano, Bohnenkraut und Petersilie schon ganz schön über den Topfrand. Für Auflockerung sorgt Dill.

▼ **1. Vorbereitung** Bevor Sie das Beet anlegen, den Boden unbedingt tiefgründig und feinkrümelig vorbereiten. Danach die ausgewählten Kräuter im entsprechenden Abstand darauf verteilen. Pflanzlöcher ausheben, Kräuter austopfen. Im Erdreich vorhandene Wurzelreste möglichst restlos entfernen.

▼ **2. Kräftig gießen** Kräuter auspflanzen, mit abgestandenem Wasser kräftig gießen und möglichst mit Namensschildchen versehen. Das Kräuterbeet von Zeit zu Zeit harken, denn der Boden sollte immer locker sein. Sobald die Pflanzen gut angewachsen sind, regelmäßig ernten.

▲ **So wird gepflanzt** Den Kasten mit einer Schicht Blähton versehen, Erde einfüllen. Kräuter nicht tiefer pflanzen, als sie im Containertöpfchen standen; gut festdrücken.

Zu den wichtigsten Voraussetzungen für gesundes Kräuterwachstum gehört ein Platz an der Sonne in lockerer Erde, ganz gleich ob im Beet oder Topf. Ideal sind Humusboden oder magerer Sandboden, mit reifem Kompost und etwas Tonmehl verbessert, und einem pH-Wert zwischen 6 und 7. Schwerer, leicht klumpender Boden ist unbedingt mit Sand aufzulockern, sonst besteht die Gefahr von Staunässe – und die übersteht kein Kraut schadlos.

Die meisten Kräuter brauchen einen warmen Standort. Optimal wäre ein sonniger bis halbschattiger Platz vor einer windgeschützten Mauer, die bis in die Nacht hinein von ihrer gespeicherten Wärme abgibt. Ungeeignet für Kräuter sind dagegen schattige Plätze, an denen sich die Hitze staut oder es ständig zieht.

Kräftige Pflanzen bevorzugen

Hinzu kommen die Qualität und Bedürfnisse der Pflanzen. Beim Kauf ist besonders darauf zu achten, dass die Kräuter einen insgesamt gesunden und gepflegten Eindruck machen. Die Erde im Containertopf sollte feucht sein, aber nicht tropfnass. Weisen die Blätter starke Verfärbungen auf, Flecken oder Beläge, verzichten Sie besser auf den Kauf, ebenso wenn Sie Schädlinge entdecken. Diese sitzen vorzugsweise an den Triebspitzen oder der Blattunterseite, deshalb das Kraut unbedingt auch mal umdrehen!

Pflanzzeit ist im Frühjahr und Herbst

Sobald im Frühjahr die Tage wieder wärmer werden, der Boden offen ist und keine Nachtfröste mehr zu erwarten sind, können vorgezogene Kräuter ohne Weiteres ins Freiland ausgepflanzt werden.

Bevor die Aromaten in Beete und Balkongefäße gepflanzt werden, ist es sinnvoll, sie abzuhärten. Denn je nachdem, wo und wie die Kräuter gezogen wurden, reagieren sie auf Temperaturschwankungen häufig mit einem Wachstumsschock. Deshalb sollte man sie möglichst langsam an die Sonne gewöhnen, sonst kann es

zu Blattverbrennungen kommen. Die Gefahr ist gebannt, wenn sie erst einmal vier bis fünf Tage im Freien im Halbschatten aufgestellt, gut gegossen und immer wieder nach dem Licht gedreht wurden.

Wie die Fotos links unten zeigen, macht es Sinn nach der Beetvorbereitung (Boden lockern und einteilen) die Kräuter samt Töpfchen so zu platzieren, wie sie letztlich stehen sollen. Planen Sie beim Pflanzabstand unbedingt die endgültige Größe des jeweiligen Krautes mit ein. Stehen Kräuter zu dicht, behindern sie sich gegenseitig im Wuchs und es kommt unweigerlich zu Problemen mit Krankheiten und Schädlingen. Die Löcher am besten mit einer Pflanzschaufel ausheben und die Pflanzen so tief in die Erde setzen, wie sie auch im Topf standen. Zwischenräume mit Erde auffüllen und fest andrücken. Der Wurzelballen muss rundum Erdkontakt haben. Danach gut wässern und bis zum Anwachsen stets gleichmäßig feucht halten.

Kräuter im Topf

Prinzipiell gedeihen Kräuter in jedem Gefäß. Handelt es sich dabei jedoch nicht um klassische Pflanzgefäße mit Wasserabzugsloch, müssen Vorkehrungen getroffen werden, damit es nicht zu Staunässe kommt. Bepflanzte Körbe verkörpern geradezu perfekt die neue Lust am Landleben.

▶ Da feuchte Erde Gefäße aus Weide, Rinde oder Peddigrohr leicht faulen lässt, sollten sie unbedingt mit stabiler Folie ausgelegt werden: Als Schutz vor Staunässe eine dicke Schicht groben Kies, Tonscherben oder Blähton (Hydrokultur-Granulat) hineingeben. Dann erst mit Erde auffüllen. Die überstehende Folie gleichmäßig nach innen schlagen oder abschneiden. Danach die Kräuter einpflanzen, kräftig gießen und sonnig platzieren.

▶ Unterlegen Sie den Korb mit einem flachen Holzstück und stellen Sie ihn während Regenperioden geschützt auf.

Kräuter erfolgreich vermehren

Kräuter aus Samen ziehen

Es gibt vielerlei Möglichkeiten, sich seine Pflanzen selbst zu ziehen. Am bekanntesten ist sicherlich die Aussaat durch Samen. Das geht in der Regel schnell und unproblematisch. Optimaler Zeitpunkt dafür ist der März, wenn die Tage schon wieder deutlich länger sind. Als Anzuchtgefäße eignen sich Kunststoffschalen, die mit spezieller Anzuchterde gefüllt werden. Sie ist nahezu ungedüngt. Damit der Keimprozess in Gang kommt, braucht die Saat in der Regel sehr viel Licht, Wärme und Feuchtigkeit. Ein Platz auf der warmen, hellen Fensterbank oder im Gewächshaus sollte es daher schon sein. Ebenso macht es Sinn, die Saat mit einer transparenten Kunststoffhaube abzudecken. Darunter bleibt die Feuchtigkeit besser erhalten. Zum Feuchthalten des Saatgutes einen Wasserzerstäuber verwenden. Da die Bedürfnisse von Pflanzenart zu Pflanzenart wechseln, sollten Sie grundsätzlich die Angaben auf der Saattüte beachten. Von der Aussaat bis sich die ersten Blättchen zeigen, vergehen im Durchschnitt etwa 30 Tage. Während dieser Zeit darf die Aussaaterde (ohne die geht es nicht!) keinesfalls austrocknen, das würde das Ende der Keimlinge bedeuten. Danach wird der Nachwuchs vereinzelt, damit er sich gut entwickeln kann. Nach weiteren zwei bis vier Wochen kann er in kleine Töpfchen gepflanzt werden. Spätestens ab Mitte Mai können Sie die Jungpflanzen ins Freie setzen. Die Pflanzenanzucht lässt sich durch Saatbänder und Aussaatscheiben deutlich vereinfachen.

Vermehrung von Trendkräutern

Kraut/Heilpflanze	Aus-saat	Steck-linge	Tei-lung	Aus-läufer
Anisysop (*Agastache foeniculum*)	×	×	×	
Aloe (*Aloe vera*)	×			×
Zitronenverbene (*Aloysia triphylla*)	×	×		
Schopf-Lavendel (*Lavandula stoechas*)	×	×		
Schokoladen-Minze (*Mentha × piperita* 'Chocolate')		×		
Austernpflanze (*Mertensia maritima*)	×	×	×	
Goldmelisse (*Monarda didyma*)	×		×	
Lemon-Basilikum (*Ocimum americanum*)	×	×		
Schwarznessel (*Perilla frutescens*)	×			
Süßkraut (*Stevia rebaudiana*)	×	×		

Absenker: die Alternative zur Stecklingsvermehrung

Neben den rechts beschriebenen gängigen Möglichkeiten, seine Pflanzen selbst durch Stecklinge zu vermehren, sind Absenker eine gute Alternative. Manchmal passiert dies aber auch von ganz alleine. Nämlich dann, wenn die unteren Zweige einer Pflanze stets Bodenkontakt haben. Bei Tripmadam, Berg-Bohnenkraut, Rosmarin, Thymian oder Salbei kommt das häufig vor. Das heißt, die Pflanzen schlagen sprichwörtlich von alleine Wurzeln. Wer das jedoch forcieren möchte, senkt bodennahe Zweige Richtung Erde, verankert sie dort mit einem U-förmigen Draht und bedeckt den Zweig an einer blattlosen Stelle mit etwas Erde. Sobald sich Wurzeln gebildet haben, wird der Nachwuchs mit einer Schere von der Mutterpflanze getrennt und an einen neuen Standort gepflanzt.

▼ **Unkompliziert** Triebspitzen einer gesunden Pflanze – hier Ananas-Salbei – abschneiden und zum Bewurzeln in ein Glas Wasser stellen. Haben sich genug Wurzeln gebildet, zunächst in ein kleines Gefäß pflanzen; in wenigen Wochen entwickelt sich ein kräftiger Wurzelballen, dann auspflanzen.

▲ **Vegetative Vermehrung** 1. Mehrjährige Pflanzen (z. B. Salbei, Eberraute, Lavendel, Rosmarin, Thymian, Melisse) durch Stecklinge vermehren. Dazu mit einem scharfen, kleinen Küchenmesser unterhalb eines Blattknotens etwa 5 bis 6 cm lange Kopftriebe abschneiden. 2. In einem mit sandiger Erde befüllten Minigewächshaus bewurzeln lassen.

▼ **Einfache Teilung** Schnittlauchpflanze im Frühjahr oder Herbst aus der Erde nehmen, mit einem Spaten halbieren oder vierteln; Teilstücke neu einpflanzen.

▼ **Aussaat leichtgemacht** Neben den üblichen Samentüten gibt es zunehmend Saatbänder. Vorteil: Das Pikieren entfällt, Nachteil: Sie sind etwas teurer.

Ohne Winterschutz wird's für viele Kräuter riskant

Zwar überstehen viele heimische Kräuter mit entsprechendem Schutz den Winter im Garten, trotzdem sollte man immer ein wachsames Auge haben.

Robuste Kräuter im Topf oder Kasten kann man auf Holzleisten geschützt unter einem Dachvorsprung platzieren. Die Gefäße selbst mit Noppenfolie oder Kokosüberzügen gegen das Durchfrieren schützen und die Pflanzen mit Reisig abdecken.

Rückschnitt vor dem Winter

Mehrjährige Kräuter wie Liebstöckel, Oregano, Pfefferminze und Zitronenmelisse werden im Spätherbst etwa eine Handbreit über dem Boden abgeschnitten. So kurz kommen sie unter einer Laubdecke in der Regel unbeschadet durch den Winter.

Ist Frost angekündigt, spätestens im November, sollten auch winterharte, jedoch etwas frostempfindliche Kräuter, z. B. Heiligenkraut, Salbei, Lavendel, Currystrauch oder Oregano, durch eine Reisigabdeckung geschützt werden. Und nicht vergessen: Bei milder Witterung hin und wieder etwas gießen, denn die Wurzelballen von belaubten Pflanzen dürfen nie komplett austrocknen. Winterschutz im Frühjahr rechtzeitig wieder entfernen.

Mediterrane Kräuter vertragen keinen Frost

Fruchtsalvien, Duftpelargonien, Süßkräuter, Zitronenstrauch, die meisten Rosmarin-Sorten oder das wunderbar blühende und duftende Basilikum 'African Blue' (*Ocimum kilimandscharicum × basilicum purpureum*) begeistern durch ihre attraktive Erscheinung oder ihren Duft – und das den ganzen Sommer lang. Etwas problematisch kann es im Winter werden. Denn die

▲ **Durstig** Topfpflanzen öfter gießen als ausgepflanzte Kräuter im Beet. Das gilt übrigens auch für den Winter.

▼ **Boden lockern** Damit sich die Petersilie weiterhin gut entwickelt, den Boden möglichst locker und unkrautfrei halten. Sie mag es gerne feucht, deshalb regelmäßig gießen.

▲ **Schneiden** Ein kräftiger Schnitt und das Bohnenkraut treibt wieder durch.

genannten Kräuter überstehen ihn nur in heller, frost-freier Umgebung, idealerweise bei etwa 10 °C. An frost-freien Tagen hin und wieder kurz lüften, jedoch Zugluft vermeiden. Das stärkt die Pflanzen. Außerdem müssen sie hin und wieder sparsam gegossen und auf eventuellen Schädlings- oder Krankheitsbefall untersucht werden. Bei Bedarf unbedingt sofort eingreifen; dazu die betroffenen Pflanzen sofort von den gesunden trennen. Dann, je nachdem, Schädlinge absammeln und Nützlinge einsetzen. Bei Pilzbefall, Rost oder anderen Krankheiten, die betroffenen Pflanzenteile zurückschneiden oder abwägen, ob der Einsatz eines Pflanzenschutzmittels Sinn macht, denn die Gefahr der Ansteckung ist für die Nachbarpflanzen groß.

Auch wenn die Überwinterungsbedingungen optimal sind, wird es immer wieder passieren, dass das eine oder andere Kraut vermehrt Blätter abwirft. Wegen der Gefahr von Krankheitsübertragungen sollten sie aufgesammelt und auf den Kompost gegeben werden.

Sie genießen Zimmertemperaturen

Kräuter, die in den Tropen und Subtropen zu Hause sind, können den Winter problemlos im Zimmer ver-

---

Ernten aus dem Frühbeetkasten

Wenn Sie einen Frühbeetkasten haben, können Sie im Sommer dafür sorgen, dass Sie bereits im zeitigen Frühjahr frische Kräuter ernten können.

▶ Ab Ende August Löffelkraut, Barbarakraut, Petersilie und Winterportulak direkt hinein säen.

▶ Anfang November Schnittlauch und Schnittknoblauchpflanzen teilen; auspflanzen.

---

bringen. Dazu gehören beispielsweise die Echte Aloe (*Aloe vera*), Jamaikathymian (*Plectranthus amboinicus*), Blatt-Kardamom (*Elettaria cardamomum*), Moujean-Tee (*Nashia inaguensis*) und Zimmerknoblauch (*Tulbaghia violacea*). Doch Vorsicht, selbst wenn die Rahmenbedingungen stimmen, kann es bei einem zu warmen Standort zu Blattlausbefall kommen! Bei zu trockener Luft nisten sich gerne die Rote Spinne oder Wollläuse ein. Das sind Schädlinge, die sich in der Regel gut mit Blattglanzspray bekämpfen lassen. Allerdings eignen sich die betroffenen Kräuter dann für die nächsten vier Wochen nicht mehr zum Verzehr.

◀ **Rücken schonen**
Schwere Kübel grundsätzlich nur mit einer Sackkarre oder einem Tragegurt zu zweit transportieren.

▼ **Winterschutz** Ausgepflanzte, nicht ganz frostfeste Kräuter wie Rosmarin am besten mit Reisig bedecken.

Die wichtigsten Pflege-Tipps von Januar bis Dezember

Januar

- ▶ Kräuter im Winterquartier auf Schädlingsbefall überprüfen; hin und wieder gießen.
- ▶ Lorbeer, Rosmarin und Zitronenstrauch (sofern sie hell stehen und Blätter haben) zum täglichen Gebrauch ernten.
- ▶ Samenreste auf vorhandene Keimfähigkeit überprüfen: Feuchtes Zellstofftuch oder Watte in ein Schälchen legen, Samen darauf verteilen, mit Klarsichtfolie bedecken. Keimt mehr als die Hälfte, lohnt sich die Aussaat.

Februar

- ▶ Mit der Beetplanung beginnen.
- ▶ Saatgut für die eigene Anzucht besorgen.
- ▶ Deko-Ideen jetzt umsetzen; z. B. Kräutertreppe bauen, Gefäße bemalen oder mit Schablonenmalerei oder Serviettentechnik verzieren.

März

- ▶ Mit der Kräuteraussaat auf der warmen Fensterbank oder im beheizten Vermehrungsbeet (z. B. Floratherm) beginnen; Angaben auf Saattüten berücksichtigen.
- ▶ Wenn der Boden nicht mehr gefroren ist, ab Mitte des Monats Knoblauchzehen und Zwiebeln stecken.
- ▶ Die ersten Kräutertöpfe, z. B. Rosmarin und Lavendel, können das Winterquartier verlassen; zunächst frostfest aufstellen; regelmäßig gießen.
- ▶ Currykraut, Salbei, Thymian und Rosmarin rundum mit einer Schere in Form schneiden, dann treiben sie gleichmäßig aus.

April

- ▶ Boden für neu anzulegende Kräuterbeete tiefgründig umgraben, feinkrümeligen, gut verrotteten Kompost und gegebenenfalls etwas Sand einarbeiten. Der Sand verhindert Staunässe.
- ▶ In der Tagespresse oder Gartenzeitschriften auf Termine von Staudentauschbörsen achten, hier können mehrjährige Kräuter getauscht oder preiswert gekauft werden.
- ▶ Pflanzzeit für mehrjährige Kräuter wie Currykraut, Heiligenkraut, Lavendel, Oregano, Salbei, Thymian, Zitronenmelisse.

- ▶ Pfefferminze wuchert sehr stark, deshalb in große Gefäße pflanzen.
- ▶ Gefäße vor dem Bepflanzen gründlich reinigen; bei neuen darauf achten, dass sie ein Wasserabzugsloch haben. Dieses vor dem Einfüllen der Erde unbedingt mit Tonscherben, einer dicken Schicht Blähton oder Sermamis-Granulat bedecken, damit es nicht zu Staunässe und somit Wurzelfäule kommt.
- ▶ Mehrjährige Kräuter wie Schnittlauch, Minzen, Andorn, Thymian oder Zitronenmelisse durch Teilung des Wurzelstocks vermehren.
- ▶ Beeteinfassungen, z. B. mit Heiligenkraut, Lavendel, Thymian oder Ysop, in Form schneiden.

Mai

- ▶ Schnittlauch, Thymian, Salbei und andere Würzkräuter laufend ernten.
- ▶ Kälteempfindliche Kräuter wie Fruchtsalvien oder Duftpelargonien ab Anfang des Monats ins Freie stellen. Bei Nachtfrostgefahr mit einem Tuch oder Vlies schützen.
- ▶ Kästen, Töpfe und Ampeln bepflanzen; auch schön in Kombination mit Gemüsen wie Paprika oder Cocktailtomaten. Zudem an Dessert-Kräuter wie Zitronenstrauch, Ananas-Salbei, Süßkraut, Schokoladen-Minze und Zitronenmelisse denken.
- ▶ Topfkräuter regelmäßig gießen.
- ▶ Basilikum und Rucola keimen schnell; bis Ende des Monats direkt in Töpfe säen.
- ▶ Borretsch, Dill, Kerbel oder Bohnenkraut können bis Ende des Monats prima nachgesät werden.
- ▶ An Regentagen Sämlinge, vor allem Basilikum, auf Schneckenbefall hin überprüfen und gegebenenfalls absammeln.

Juni

- ▶ Kräuter während Hitzeperioden regelmäßig gießen; Topfkräuter mitunter zweimal täglich, am besten morgens und abends.
- ▶ Durch regelmäßiges Ernten werden die Kräuter schön buschig. Dazu ein kleines scharfes Küchenmesser oder eine Schere verwenden. Was nicht sofort aufgebraucht wird, trocknen oder einfrieren.
- ▶ Bilden sich bei Majoran an den Triebspitzen die ersten Blütenknospen, ist sein Aroma am intensivs-

ten. Auch Zitronenmelisse und Pfefferminze vor der Blüte ernten; dazu bodennah abschneiden und behutsam trocknen, z. B. für Tee. Die Pflanzen treiben noch mal kräftig aus. Haupterntezeit ist jetzt auch für Kamille. Man kann sie prima trocknen für Bäder und Dampfbäder.

▶ Ab dem 24. Juni Johanniskrautblüten und -blütenknospen zur Öl- oder Salbenherstellung ernten.

▶ Zur Vermehrung von mehrjährigen Kräutern Stecklinge schneiden.

▶ Pflanzen regelmäßig auf Krankheiten und Schädlingsbefall hin untersuchen. Bei Befall von Pilzkrankheiten, die betroffenen Pflanzenteile sofort entfernen. Werden die Kräuter von Raupen oder Schnecken heimgesucht, diese absammeln und entsorgen.

Juli

▶ Weiterhin regelmäßig gießen; Topfkräuter zweimal am Tag.

▶ Beete unkrautfrei halten, den Boden hin und wieder lockern.

▶ Haupterntezeit: Zum Konservieren (Trocknen, Einfrieren, Einlegen in Öl oder Essig) die Kräuter unmittelbar vor dem Aufblühen ernten, am besten am späten Vormittag oder bei bedecktem Himmel. Ringelblumen- und Lavendelblüten behutsam ernten, auf einem sauberen Tuch im Schatten ausbreiten und trocknen lassen; für Tees, Bäder, Potpourris oder Kräuterkissen.

▶ Zeit für die Stecklingsvermehrung von Salbei, Duft-Pelargonien, Rosmarin, Thymian, Oregano und vielen anderen.

▶ Aussaat-Termin für Petersilie.

▶ Fruchttragende Kräuter wie Anis, Dill, Gewürz-Fenchel, Koriander und Kümmel reifen spätesten am Ende des Monats. Zum Ernten die Fruchtdolden abschneiden, locker bündeln, kopfüber aufhängen und saubere Tücher darunter ausbreiten, damit die teilweise winzig kleinen Samen nicht verloren gehen.

▶ Falls erforderlich, letztmalig düngen.

August

▶ Weiterhin ernten, auch noch zum Trocknen, Einfrieren oder Einlegen in Essig oder Öl.

▶ Beete ausputzen und den Boden lockern.

▶ Kräuter wie Thymian, Rosmarin, Dillblüten, Katzenminze, Lavendel, Currystrauch und Sonnenhut für Sträuße und Gestecke nutzen.

▶ Letzte Möglichkeit für die Stecklingsvermehrung.

▶ Topf-Lavendel: weiche Triebe zurückschneiden. Ausgepflanzt im Garten kann man damit auch bis

April warten. Das hat den Vorteil, dass sich der Lavendel dann selbst vermehrt.

September

▶ Würzkräuter für den täglichen Bedarf stets unmittelbar vor der Verwendung ernten.

▶ Knoblauchknollen ernten, sobald die Röhrenblätter gelb bzw. mehr oder weniger eingetrocknet am Boden liegen. Dazu vorsichtig aus der Erde ziehen, zu Zöpfen flechten. Trocken und luftig lagern.

▶ Frische Blätter von Pfeffer- und Orangen-Minze, Zitronenstrauch sowie Zitronenmelisse laufend für Teezubereitungen ernten.

▶ Ab Mitte des Monats mehrjährige Kräuter durch Wurzelstockteilung vermehren, z. B. Salbei, Thymian, Oregano, Pfefferminze oder Zitronenmelisse

▶ Pflanzzeit für frostharte, mehrjährige Kräuter.

▶ Zur Vergrößerung der Kräuterbeete lohnt es sich, Ausschau nach Pflanzentauschbörsen (siehe Anzeigen in der Tagespresse sowie in Gartenzeitschriften) zu halten.

Oktober

▶ Frostempfindliche Kräuter im Topf und Kübel in ein helles, frostfreies Winterquartier bringen.

▶ Basilikum und andere einjährige Kräuter ans Küchenfenster stellen und nach und nach verwenden, solange sie noch appetitlich aussehen.

▶ Letzte Möglichkeit, mehrjährige Kräuter zu pflanzen und kompakte Wurzelstöcke durch Teilung zu vermehren.

▶ Knoblauch wird nicht nur im Frühjahr gepflanzt, man kann die Zehen auch jetzt stecken.

▶ Kresse auf der Fensterbank ziehen.

November

▶ Ist Frost angesagt, Schnittlauch und Schnittknoblauch kurz zuvor ausgraben. Den Wurzelballen je nach Größe zwei- oder dreimal teilen und mindestens zwei Wochen im Freien liegend durchfrieren lassen. Danach auf der Fensterbank antreiben.

▶ Frostempfindliche Kräuter mit Reisig abdecken.

Dezember

▶ Kräuter ab und zu gießen und auf Krankheiten und Schädlinge überprüfen.

▶ Kräutertöpfe, die draußen bleiben, vor Frostbeginn mit Noppenfolie umwickeln und auf Steine oder Latten stellen; so kann überschüssiges Wasser abfließen.

▶ Das Winterquartier der Topfkräuter an milden Tagen gelegentlich lüften. Gelbtafeln als Vorsichtsmaßnahme gegen Weiße Fliege aufhängen.

Die wichtigsten Würz- und

Heilkräuter

Würzpflanzen auf kleinstem Raum Eine Kräuterspirale bietet nicht nur reichlich Platz für Pflanzen: Dank der Wärme speichernden Steine entwickelt sich das Kräuter-Aroma besonders gut.

Aniskraut – eine Augenweide Blauviolette Einzelblüten und Blätter, die einen wunderbaren Anisduft verströmen, lassen jedes Genießerherz höher schlagen. Das Besondere: Sie blüht von Juni bis in den Oktober hinein.

Erklärung der Symbole

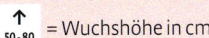

↑ 50-80	= Wuchshöhe in cm
☀	= sonniger Standort
◑	= halbschattiger Standort
●	= schattiger Standort
🪣	= geringer Wasserbedarf
🪣	= mittlerer Wasserbedarf
🪣	= hoher Wasserbedarf
VII / IX	= Erntemonate (z. B. Juli bis September)

Küchenkräuter für jeden Tag

Ob Bohnenkraut, Dill, Rosmarin, Schnittlauch oder andere klassische Küchenkräuter, versuchen Sie Tag für Tag, sie immer wieder frisch in den Alltag zu integrieren. Denn damit können Sie nicht nur Suppen, Soßen, Salate und Fleischgerichte verfeinern oder ergänzen:

Die wertvollen Inhaltsstoffe machen Speisen im Allgemeinen bekömmlicher und kurbeln die Verdauung an. Dabei kommt es nicht auf die Menge an, sondern vielmehr auf die Qualität und die Mischung. Schon mit kleinsten Mengen kann man viel bewirken.

Anisysop, Duftnessel
Agastache foeniculum

Aussehen: Mehrjährige Pflanze; aufrecht, buschig wachsend mit attraktiven Blütenähren. Gepunktete, nach Anis duftende, ovale Blätter.
Blüte: Juni bis Oktober; je nach Art weiße, dunkel- oder blauviolette Lippenblüten.
Standort: Durchlässige Erde; im Beet und großen Töpfen.
Pflege: Bei anhaltender Trockenheit regelmäßig gießen, Staunässe vermeiden; da nicht ganz frosthart, in rauen Lagen Winterschutz notwendig.

Vermehrung: Aussaat, Stecklinge.
Verwendung: Kraut frisch oder getrocknet für Tee (minzeähnliches Aroma); feingehackte Blätter würzen Süßspeisen, Fisch und Salate. Als Heilpflanze: Tee wirkt antibakteriell und lindert Husten. Blütenstiele attraktiv für Sträuße und Gestecke.
Hinweis: Nektarpflanze für Bienen, Schmetterlinge, Hummeln.
Weitere Arten: Lemon-Aniskraut *(Agastache mexicana)*, Orangenduft-Aniskraut *(Agastache cana)*.

Knoblauchsrauke
Alliaria petiolata

Aussehen: Zweijährige Pflanze; aufrechtbuschig wachsend; leicht kantige Stängel, an deren Ende sich kleine Blüten bilden. Die aromatischen Blätter sind herzförmig und gezähnt.
Blüte: April bis Juli; weiß.
Standort: Unter Sträuchern und Bäumen; breitet sich stark aus.
Pflege: Reichlich gießen, hin und wieder düngen.
Vermehrung: Aussaat; samt sich häufig auch selbst aus.

Ernte: Junge Blätter und Triebe, am besten vor der Blüte.
Verwendung: Junge Blätter des Wildkrauts sind eine delikate Zugabe für Rohkostgerichte und Salate; intensives Knoblaucharoma. In der Pflanzenheilkunde gilt die Knoblauchsrauke als harntreibend, blutreinigend, schleimlösend und wird zur Wundheilung empfohlen; Stängel und Blätter für Heiltee trocknen.
Hinweis: Lockt Bienen und Schmetterlinge an.

Knoblauch
(Allium sativum)

Aussehen: Aufrecht wachsend; schmale Laubblätter. Winterhart, bildet rundliche Knollen mit mehreren Zehen aus.
Blüte: Juli bis August, rötlich weiße, doldenartige Blüten
Standort: Tiefgründiger, humusreicher, gut durchlässiger Boden.
Pflege: Bei Trockenheit hin und wieder gießen und düngen; Boden unkrautfrei halten, ansonsten anspruchslos.
Vermehrung: Brutzwiebeln oder unbeschädigte Knoblauchzehen im März/April

oder August/September 3 bis 5 cm tief im Abstand von 20 cm in den Boden stecken. Wächst Knoblauch zweijährig, werden die Knollen größer.
Ernte: Knollen aus der Erde nehmen, sobald die Blätter welken. Brutzwiebeln und junge Blätter nach Bedarf laufend.
Verwendung: Zum Würzen deftiger Speisen und zum Aromatisieren von Öl. Als Heilpflanze: Gilt als natürliches Antibiotikum, als blutdruck- sowie cholesterinspiegelsenkend und fördert die Durchblutung.

Schnittlauch
Allium schoenoprasum

Aussehen: Grüne bis bläuliche, röhrenförmige, hohle Blätter, die in Horsten wachsen; mehrjährig.
Blüte: Juni bis August, lilafarbene, halbkugelige Blüten.
Standort: In nährstoffreichem, kalkhaltigem und feuchtem Boden; sandig-lehmig. Gedeiht im Beet, Topf und Kasten.
Pflege: Boden stets gut feucht halten. Pflanze alle zwei bis drei Jahre durch Wurzelstockteilung verjüngen.

Vermehrung: Aussaat im März/April; Teilung der Pflanze, im Frühjahr oder Herbst.
Ernte: Im Freiland von Frühjahr bis Herbst (portionsweise bodennah abschneiden); im Topf auf der Fensterbank und im Gewächshaus ganzjährig.
Verwendung: Würz- und Heilkraut; frisch und vor der Blüte verwenden. Durchs Kochen gehen Inhaltsstoffe verloren; wirkt appetitanregend. Schnittlauchblüten als essbare Deko verwendbar.

Schnittknoblauch
Allium tuberosum

Aussehen: Ähnlich wie Schnittlauch; hat jedoch flache, grasähnliche Blätter; mehrjährig.
Blüte: Juni bis September; weiße, sternenförmige, duftende Doldenblüten.
Standort: In lockerem, humosem und mäßig feuchtem Boden.
Pflege: Gelegentlich gießen, nicht mehr als zweimal jährlich düngen.
Vermehrung: Aussaat im Frühjahr und Wurzelstockteilung im Herbst oder Frühjahr.

Ernte: Bei Bedarf Halme ca. 5 cm über dem Boden büschelweise abschneiden (treibt wieder neu durch); Blüten (sind essbar) abzupfen.
Verwendung: Blätter wie Schnittlauch – frisch gehackt – für Salate, Suppen, Quarkspeisen oder Kräuterbutter; schmecken nach Knoblauch, jedoch ohne die oft gefürchtete Knoblauchfahne zu hinterlassen; reich an Vitamin C.
Sorten: Kleiner Schnittknoblauch 'Kobold'; Riesen-Schnittknoblauch 'Monstrum'.

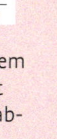 

Bärlauch
Allium ursinum

Aussehen: Zwiebelgewächs mit langen, gestielten Blättern, die sich einzeln aus dem Boden schieben; an geeigneten Standorten bodendeckend.
Blüte: April bis Mai; weiß, sternförmig.
Standort: Unter Gehölzen; wild wachsend an Bachufern oder feuchten Laubwäldern. Im Garten an feuchten Stellen.
Pflege: Während Trockenperioden gießen; nicht düngen. Nach der Blüte zieht Bärlauch bis ins nächste Frühjahr ein. Herbstlaub als Winterschutz liegen lassen.

Vermehrung: Zwiebelteilung, Aussaat (etwas schwieriger).
Ernte: Junge Blätter vor der Blüte.
Verwendung: Frische Blätter (Knoblaucharoma) für Suppen, Soßen, Kräuterpaste und zum Einlegen in Essig und Öl. Als Heilpflanze: Das Wildkraut ist reich an Vitamin C, wirkt blutdrucksenkend und verdauungsfördernd.
Verwechslungsgefahr: Bärlauchblätter ähneln den stark giftigen Maiglöckchen und Herbstzeitlosen!

Zitronenstrauch, Zitronenverbene, Verveine *Aloysia triphylla (syn. Lippia citriodora)*

Aussehen: Aufrecht-buschig, schnell wachsender und äußerst frostempfindlicher Strauch mit länglich schmalen, intensiv nach Zitrone duftenden Blättern.
Blüte: Ab Juli bis September, weiße bis blass fliederfarbene, aparte Rispenblüten.
Standort: Windgeschützter Platz; am besten in einem geräumigen Kübel, in durchlässiger, humoser und nährstoffreicher Erde.
Pflege: Stets gleichmäßig feucht halten und düngen. Regelmäßig in Form schnei-

den. Vor dem Überwintern im Keller, Schuppen oder Wintergarten bei ca. 5 °C um etwa ein Drittel zurückschneiden. Kleinere Exemplare können den Winter auch auf der Fensterbank verbringen.
Vermehrung: Stecklinge, Aussaat.
Ernte: Blätter und Blüten nach Bedarf.
Verwendung: Frisch oder getrocknet als Teekraut; zum Aromatisieren von Süßspeisen; Ersatz von Zitronengras; gilt als stoffwechselanregend und beruhigend.

Dill
Anethum graveolens

Aussehen: Aufrecht, buschig, mit fein gefiederten, aromatischen Blättern; einjährig.
Blüte: Juni bis August; attraktive gelbe Blütendolden.
Standort: Vollsonnig und windgeschützt; lockere, gut durchlässige und humose Erde.
Pflege: Gleichmäßig gießen; mäßig düngen.
Vermehrung: Aussaat ab April direkt ins Beet; Folgesaaten bis August möglich.
Ernte: Triebe und Blüten können bereits fünf bis sechs Wochen nach der Aussaat und dann laufend geerntet werden; Blütendolden ebenfalls laufend; Früchte, wenn sie braun sind.
Verwendung: Ideale Würze für Salate, Fisch, Soßen, zum Einlegen von Gurken und Aromatisieren von Essig. Ein Tee mit Dillkraut wirkt verdauungsfördernd; Dillsamen ist reich an ätherischen Ölen; Fruchtstände sind sehr dekorativ in Kräutersträußen.
Sorte: Farnblättriger Dill 'Fernleaf' gedeiht im Topf und Kasten, da kleiner im Wuchs.

Garten-Kerbel
Anthriscus cerefolium

Aussehen: Lockerer, aufrechter Wuchs; gefiederte Blätter; einjährig.
Blüte: Mai bis August; weiße, kleine Blüten.
Standort: Warm, jedoch nicht zu sonnig; besser halbschattig; in gut durchlässiger Erde im Beet, Kübel oder Balkonkasten.
Pflege: Anspruchslos; gleichmäßig gießen, nur wenig düngen; auf Blattlausbefall achten.
Vermehrung: Aussaat ab Ende März direkt ins Freie; Folgesaaten bis August.
Ernte: Junge Triebe bzw. gefiederte Blätter vor der Blüte laufend schneiden.
Verwendung: Frischer Kerbel eignet sich bestens zum Würzen von Eierspeisen, Salaten, Suppen und Kräutersoßen. Wichtige Zutat bei der berühmten Frankfurter Grünen Soße. Möglichst frisch verwenden, durchs Kochen verliert er an Aroma. Enthält Mineralstoffe, Vitamin C und ätherische Öle.
Empfehlenswerte Sorten: 'Fijne Krul', 'Vertissimo', 'Commun'.

Schnitt-Sellerie, Blatt-Sellerie
Apium graveolens var. *secalinum*

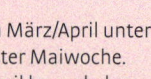

Aussehen: Buschig-aufrechter Wuchs, grüne fleischige Stiele und große, leicht gekräuselte, aromatische Blätter; wächst zweijährig.
Blüte: Juli bis September im zweiten Jahr; gelblich-weiß.
Standort: In nahrhaftem, lockerem und humosem Boden; schön im Kräuterbeet oder geräumigen Kübel.
Pflege: Regelmäßig gießen und mit organischem Dünger versorgen; vor Spätfrösten schützen.
Vermehrung: Aussaat im März/April unter Glas; Direktaussaat ab erster Maiwoche.
Ernte: Junge Blätter ab April bzw. ab dem Austrieb.
Verwendung: Aromatische Würze für Suppen, Soßen, Eintöpfe und Salate. Junge Selleriestiele können auch roh verzehrt werden. Sellerie ist reich an Vitaminen, Mineralstoffen und Kalium. Er wirkt kreislauf- und stoffwechselanregend und fördert die Entwässerung.

Meerrettich
Armoracia rusticana

Aussehen: Das mehrjährige, scharfe Wurzel-Gemüse bringt bis zu 1 m hohe, gewellte Blätter hervor. Meerrettich breitet sich sehr stark aus.
Blüte: Mai bis Juli im zweiten Jahr; weiß.
Standort: In nährstoffreicher, tiefgründiger, möglichst lockerer, feuchter Erde.
Pflege: Regelmäßig gießen und düngen (hoher Stickstoffbedarf). Wer nur einen kleinen Garten hat, zieht Meerrettich am besten im geräumigen Mörtelkübel (zuvor Wasserabzugslöcher in den Boden bohren).
Vermehrung: Wurzelstecklinge (Fechser) Mitte März bis April direkt ins Beet.
Ernte: Wurzeln von September bis Februar, sofern der Boden nicht gefroren ist.
Verwendung: Meerrettich eignet sich bestens zum Würzen von Fleisch, Fisch und für Soßen; Senföl, Vitamin C und andere Inhaltsstoffe machen ihn zur wertvollen Arzneipflanze.

Estragon
Artemisia dracunculus

Aussehen: Aufrecht-buschig, treibt schmale, spitze Blätter, mehrjährig.
Blüte: August bis Oktober; unscheinbare, kleine, gelbe Blüten.
Standort: In humusreicher, feuchter Erde an einem warmen und windgeschützten Platz.
Pflege: Die Wurzeln brauchen viel Sauerstoff, daher den Boden stets locker halten und gleichmäßig gießen; sparsam düngen. In rauen Lagen ist unbedingt Winterschutz erforderlich.

Vermehrung: Aussaat; Wurzelstockteilung im Frühjahr, Stecklinge im Sommer.
Ernte: Blätter und Triebspitzen vom Frühling bis in den Herbst hinein.
Verwendung: Möglichst nur frisch; verfeinert Fischsoßen, Suppen, Salate und Fleischgerichte; zum Einlegen in Essig und Öl. Als Heilpflanze: Estragon regt den Appetit an; fördert die Verdauung und wirkt harntreibend.
Art: *Artemisia dracunculus* var. *sativa* (Französischer oder Deutscher Estragon).

Pontischer Beifuß, Römischer Wermut
Artemisia pontica

Aussehen: Aufrecht wachsende Staude mit buschigen, fein gefiederten, graugrünen und duftenden Blättern.
Blüte: August bis Oktober; unscheinbare blassgelbe Blüten.
Standort: Warmer Platz; in trockenem, gut durchlässigem, magerem Boden; ideal für Kübel geeignet.
Pflege: Wenig gießen und düngen. Neigt zum Wuchern, daher regelmäßig zurückschneiden.

Vermehrung: Stecklinge im Sommer, Wurzelstockteilung im Frühjahr; breitet sich durch Wurzelausläufer selbst aus.
Ernte: Blätter und Triebspitzen ab Mai.
Verwendung: Frisch oder getrocknet zum Würzen (sehr intensiv, deshalb sparsam dosieren!), zum Ansetzen von Wein. Als Heilpflanze: Enthält reichlich Bitterstoffe, gilt als schweißtreibend und magenstärkend. Für Kräuterkissen, Duftpotpourris und Sträuße.

Gewöhnlicher Beifuß
Artemisia vulgaris

Aussehen: Aufrecht-buschig wachsend mit reich verzweigten, graugrün gefiederten Blättern (Blattunterseite ist flaumig behaart); mehrjährig.
Blüte: Juli bis September; unscheinbare gelbe Blüten.
Standort: Trockener, durchlässiger, gerne sandiger Boden in direkter Sonne.
Pflege: Regelmäßig gießen, im Frühjahr bodennaher Rückschnitt, anspruchslos.
Vermehrung: Aussaat, Wurzelstockteilung, Stecklinge.

Ernte: Junge Blätter und Triebe vor der Blüte; Zweige mit Blütenknospen.
Verwendung: Dank enthaltener Bitterstoffe ideal für fette Fleischgerichte und Eintöpfe; zum Ansetzen von Kräuterschnaps. Gewöhnlicher Beifuß ist reich an ätherischen Ölen, Bitterstoffen und Tujon; er fördert die Verdauung, wirkt entwässernd und regt den Appetit an.
Sorten: 'Oriental Limelight' (gelbbunte Auslese), 'Crispa' (krausblättrig).

Gewöhnliches Barbarakraut, Winterkresse
Barbarea vulgaris

Aussehen: Zweijähriges, aufrecht wachsendes, Rosetten bildendes Küchenkraut mit dunkelgrünen, gelappten Blättern.
Blüte: Mai bis Juli; goldgelb.
Standort: Ideal ist ein Platz in feuchtem, lehmigem Boden; sehr schön im Bauerngarten, Staudenbeet und in geräumigen Kübeln.
Pflege: Anspruchslos und pflegeleicht, lediglich gießen sollten Sie regelmäßig.
Vermehrung: Aussaat im Frühjahr oder

Herbst; versamt sich häufig von selbst.
Ernte: Junge Blätter und Triebe; bei offenem Boden ganzjährig.
Verwendung: Das etwas scharfe, an Kresse erinnernde Kraut würzt Salate und Butter; schmeckt auch lecker als Gemüse (ähnlich wie Spinat) in Butter gedünstet zubereitet. Als Heilpflanze: Reich an Senfölen und Vitamin C, die keimhemmend wirken.
Sorte: 'Variegata' (Zierform mit weiß-grünen Blättern).

Borretsch
Borago officinalis

45-80 · V/IX

Aussehen: Aufrecht, buschig; rau behaarte und reich verzweigte Stängel; Blätter ebenfalls behaart. Bildet Pfahlwurzeln aus, lässt sich nur jung verpflanzen; einjährig.
Blüte: Mai bis September, sternförmige Blüten in Blautönen oder Weiß.
Standort: Warmer Platz; feuchter, gut durchlässiger Boden; im Beet und Topf.
Pflege: An heißen Tagen kräftig gießen, sonst kommt es leicht zu Blattlausbefall; hin und wieder düngen.

Vermehrung: Aussaat ab April ins Freiland; jung vereinzeln, d. h. im Abstand von ca. 50 cm versetzen; sät sich leicht selbst aus.
Ernte: Junge, noch zarte Blätter (gurkenähnliches Aroma), Blüten.
Verwendung: Frische, möglichst junge Blätter fein hacken und damit Eierspeisen, Quark oder Salate würzen; Blüten als essbare Deko für Salate, Desserts oder Bowle.
Sorte: 'Alba' (weiß blühend).

Echter Kümmel
Carum carvi

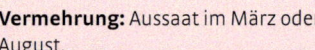

80-120 · VI/X

Aussehen: Zweijährig wachsend; bildet im ersten Jahr lediglich eine Blattrosette aus, aus der dann im zweiten Jahr ein reich verzweigter, meterhoher Stängel mit attraktiven Blüten und fein gefiederten Blättern wächst.
Blüte: Mai bis Juli; weiße Doldenblüten.
Standort: In tiefgründiger, gleichmäßig feuchter Erde. Standortwechsel bei Neupflanzung.
Pflege: Bei Trockenheit gießen und gelegentlich düngen.

Vermehrung: Aussaat im März oder August.
Ernte: Im ersten Jahr laufend junge Blätter und Triebspitzen; aromatische Samen im Juni/Juli des zweiten Jahres.
Verwendung: Mit Blättern und Triebspitzen lassen sich Suppen, Salate und Gemüse würzen. Kümmelsamen eignet sich als Brotgewürz. Als Heilpflanze: Tee aus zerstoßenen Samen (reich an ätherischen Ölen) lindert Blähungen sowie Magen- und Darmprobleme.

Guter Heinrich, Wilder Mehl-Spinat
Chenopodium bonus-henricus

30-80 · IV/IX

Aussehen: Mehrjährig wachsendes Wildkraut mit spinatähnlichen Blättern und kleinen unscheinbaren Blüten. Das Kraut bildet ein rübenartiges Rhizom und eine Pfahlwurzel; es breitet sich rasch aus.
Blüte: Juni bis August; grünlich.
Standort: Gedeiht gut in tiefgründigen, sandigen sowie stickstoffhaltigen Gartenböden.
Pflege: Regelmäßig düngen und gießen; auf Schädlingsbefall achten.

Vermehrung: Aussaat, Wurzelstockteilung im Frühjahr.
Ernte: Junge Blätter bis zur Blüte laufend; Blüten und Sprossen.
Verwendung: Als Wildgemüse junge Blätter wie Spinat zubereiten; Sprossen wie Spargel, Kräutersuppe. Als Heilpflanze: Reich an Mineralstoffen, insbesondere Eisen und Vitamin C; gilt als blutreinigend und leicht abführend.

Meerfenchel
Crithmum maritimum

40-60 · VI/VIII

Aussehen: Kompakte, kugelige, gelegentlich auch etwas sparrig wachsende Liebhaberpflanze mit blaugrün gefiederten und fleischigen Blättern.
Blüte: Juni, August; grünlich gelb.
Standort: Am besten in gut durchlässigem und kalkhaltigem Boden. Gedeiht prima im Topf, in Trockenmauern und in Kräuterspiralen.
Pflege: Sparsam gießen und gelegentlich mit etwas kalk- und salzhaltigem Dünger

versorgen; im Winter mit Reisig abdecken.
Vermehrung: Aussaat, Stecklinge, Wurzelstockteilung.
Ernte: Blätter und Stängel ab Ende Mai den ganzen Sommer über.
Verwendung: Gewürz- und Arzneipflanze; enthält ätherische Öle, Jod, Vitamin C und Mineralsalze. Am besten schmecken die Blätter, wenn man sie vier Wochen in Wein oder Weinessig einlegt; würzt Fischgerichte und Salate.

Türkischer Drachenkopf, Moldavische Melisse *Dracocephalum moldavicum*

     40-60 · VII / IX

Aussehen: Attraktiver, aufrecht wachsender Lippenblütler mit kantigen Stängeln und weichen, gezahnten Blättern sowie einem köstlichen Zitronenaroma; einjährig.
Blüte: Juli bis August; blauviolett.
Standort: In humosem, gut durchlässigem bis nahrhaftem Gartenboden. Türkischer Drachenkopf gedeiht auch prima im Topf und Trog.
Pflege: Regelmäßig gießen; auf Schnecken- sowie Raupenbefall achten und bei Bedarf eingreifen; ansonsten ist die Pflanze relativ pflegeleicht.
Vermehrung: Aussaat im Frühjahr; Wurzelstockteilung; versamt sich auch selbst.
Ernte: Blätter und Blüten zum Trocknen.
Verwendung: Fein gehackt würzt das Kraut Salate und Süßspeisen und kann zu Tee aufgegossen werden. Blütenstiele als Beiwerk für Sträuße und Gestecke.
Weitere Art: Weißer Drachenkopf (*Dracocephalum moldavicum* var. *alba*).

Rauke, Rukola, Rucola
Eruca sativa

     bis 30 · V / X

Aussehen: Buschige Wuchsform mit leicht gezahnten, löwenzahnähnlichen Blättern; zweijährige Pflanze.
Blüte: Mai bis September; gelb.
Standort: In gut durchlässigem Boden. Kann den Winter über im Topf herangezogen werden.
Pflege: Sparsam düngen (speichert gerne Stickstoff!); regelmäßig gießen, jedoch Staunässe vermeiden und den Boden möglichst locker halten.
Vermehrung: Ganzjährige Aussaat möglich; Samen keimen rasch. Anzucht auch im Kübel und Kasten möglich.
Ernte: Junge Blätter, je nach Witterung und Standort laufend; Samen im Herbst.
Verwendung: Salatkombinationen, z. B. knackfrische Rukola-Blätter (ohne Stiele), Spaghetti und eine Handvoll Oliven. Reife Samen als Gewürz nutzen. Als Heilpflanze: Rukola ist reich an Vitamin A und Senfölglykosiden und kurbelt den Stoffwechsel an.

Currykraut, Currystrauch, Steppenstrohblume *Helichrysum italicum*

40-70 · VI / X

Aussehen: Ausladender, buschig wachsender, immergrüner Halbstrauch mit silbriggrauen, schmalen, nach Curry duftenden Blättern.
Blüte: Juni bis August; gelb, kugelig.
Standort: In gut durchlässiger, sandiger Erde.
Pflege: Nach der Blüte in Form schneiden; nur wenig gießen. In rauen Lagen ist Winterschutz notwendig; am besten mit Reisig abdecken.
Vermehrung: Stecklinge im Frühling und Sommer.
Ernte: Junge Triebe vor der Blüte; für Dekozwecke blühende Zweige zum Trocknen aufhängen.
Verwendung: Zum Würzen von Fleischgerichten (kurz mitkochen, dann Zweige entfernen); nur sparsam dosieren. Getrocknete Blüten und Blätter für Duftsäckchen und Potpourris; Blütenstiele und Kraut für Duftsträuße und Kräuterkränze.

Echter Lorbeer
Laurus nobilis

     150 · I / XII

Aussehen: Immergrüner, buschiger Strauch mit glänzend grünen, gewellten Blättern.
Blüte: April bis Mai; klein, gelbgrün, duftend.
Standort: In durchlässiger, leicht lehmiger und feuchter Erde.
Pflege: Regelmäßig gießen und bis August düngen. Da nicht frosthart, im geräumigen Kübel halten. Hell und frostfrei bei mind. 3 °C überwintern. Junge Triebe im Frühjahr und/oder nach der Blüte zurückschneiden. Auf Schildlausbefall achten.
Vermehrung: Stecklinge im Sommer.
Ernte: Blätter ganzjährig, nach Bedarf; können auch gut getrocknet werden.
Verwendung: Die aromatischen Blätter würzen Braten, Kohlgerichte und Marinaden. Als Heilpflanze: Lorbeerblätter sind reich an ätherischen Ölen, regen Appetit und Verdauung an. Lorbeerzweige werden gerne zu Dekozwecken genutzt.

Lavendel

Echter Lavendel
Lavandula angustifolia

Aussehen: Aufrechter, buschiger Wuchs; mit schmalen, lanzettlichen Blättern in Grau bis Silbergrau. Blüten bilden sich in Scheinähren an langen, steifen Stielen.
Blüte: Juni bis August; violett, blauviolett, blau, dunkelblau, auch weiß oder rosa.
Standort: Warmer Platz; in gut durchlässiger, leicht kalkhaltiger Erde.
Pflege: Sparsam gießen, hin und wieder düngen. In rauen Lagen ist Winterschutz erforderlich. Nach der Blüte oder im Frühjahr zurückschneiden.
Vermehrung: Aussaat im Frühjahr, Stecklingsvermehrung im Sommer.
Ernte: Junge Triebe; offene Blüten.
Verwendung: Zwei bis drei getrocknete Blüten mit Kräuteressig oder -öl ansetzen; Triebspitzen für Kräuterbutter oder Grillfleisch. Lavendel lässt sich wunderbar trocknen. Gut geeignet für Kräuterkissen, Duftsäckchen, Potpourris, Sträuße und Kränze. Als Heilpflanze: Regt den Stoffwechsel an, wirkt beruhigend, krampflösend und fördert den Schlaf.

40-100

Mit dem Lavendel ist das so eine Sache: Es gibt kaum einen Kräuterliebhaber, der seine Beete oder Töpfe nicht gerne mit dem attraktiven Mittelmeergewächs schmückt. Doch Vorsicht, die Schönheit und das einmalige Parfüm des mediterranen Duft-Strauches endet häufig in einer kaum stillbaren Sammelleidenschaft – zu verführerisch ist die Auswahl der verschiedenen Arten und Sorten, die Kräutergärtner für uns zusammengetragen haben.

Lavendel – die Seele der Provence

Wer einmal zur Blütezeit die Lavendelfelder der Provence gesehen oder einen der zahlreichen Lavendelmärkte besucht hat, weiß um die Magie des allseits bekannten Duftstrauches. Man nutzt ihn nach wie vor in der Parfümherstellung und als Heilpflanze. Lavendel ist eine prima Zugabe für Duftpotpourris.

Außerdem ist die gefragte Staude mit dem zumeist silbrig angehauchten Blattwerk und vorwiegend blauen Blüten eine super attraktive Begleitpflanze für Rosen. Sehr hübsch: gelb blühendes Rosenhochstämmchen (z. B. 'Lisa®') im geräumigen Terrakotta-Kübel unterpflanzt mit einer violettfarbenen Lavendel-Sorte (z. B. 'Lady'), die relativ lange mit der Rose um die Wette blüht. Ein interessantes Trio geben auch hellrosafarbene Beetrose 'Mazurka®' in Kombination mit Schopf-Lavendel (*Lavandula stoechas*) und Zierlauch ab.

◀ **Lavendel 'Hidcote Blue'**
Lavandula angustifolia 'Hidcote Blue'

Besonderheit: Langsam wachsend mit dunkelvioletten Blüten im Juli/August. Die Sorte eignet sich gut für kompakte Beeteinfassungen.

Lavendel 'Munstead' ▶
Lavandula angustifolia 'Munstead'

Besonderheit: Winterharte, kompakt wachsende Sorte mit blauvioletten Blüten bereits ab Juni.

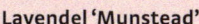

◀ **Lavendel 'Nana Alba'**
Lavandula angustifolia 'Nana Alba'

Besonderheit: Niedrig wachsende Sorte (ca. 20 cm hoch) mit weißen Blüten; reichblühend und graugrünem Laub; ältere Triebe verholzen.

Grüner Zahn-Lavendel ▶
Lavandula dentata

Besonderheit: Hellblaue Blüten (bereits ab Mai) und gezähnte hellgrüne Blätter. Da nicht frosthart, unbedingt im Topf halten!

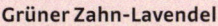

◀ **Wolliger Lavendel**
Lavandula lanata

Besonderheit: Weißfilzige Blätter und dunkelviolette Blüten. Da nicht frosthart, unbedingt im Topf halten!

Speik-Lavendel ▶
Lavandula latifolia

Besonderheit: Äußerst aromatische Art mit langen, blauen Blütenständen (vor dem Öffnen schneiden); Winterschutz unbedingt notwendig.

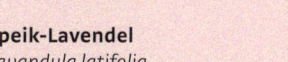

◀ **Portugal-Lavendel**
Lavandula multifida

Besonderheit: Außergewöhnliche, kammartig gefiederte Blätter. Lange Blütezeit; interessanter, ysopähnlicher Duft.

Schopf-Lavendel ▶
Lavandula stoechas

Besonderheit: Blütenköpfe, mit Hochblättern am Schopf. Graugrünes Blattwerk mit interessanter Rosmarin-Duftnote; kompakter Wuchs.

Garten-Kresse
Lepidium sativum

10-50 | I XII

Aussehen: Aufrechter, krautiger Wuchs, Blätter eiförmig, länglich und gefiedert; bildet kahle Stängel aus, die sich nach oben hin verzweigen; einjährig.
Blüte: Mai bis November; weiß bis rosa.
Standort: Gedeiht in jedem Gartenboden, in Anzuchtschalen sowie in Töpfen gleichermaßen gut.
Pflege: Stets gleichmäßig feucht halten; ansonsten anspruchslos.
Vermehrung: Aussaat, ganzjährig auf der Fensterbank; ab Ende März im Freien (nur leicht mit Erde bedecken); laufend nachsäen.
Ernte: Frische Keimlinge und Blätter; sobald sie etwa 10 cm hoch sind, mit einem scharfen Messer knapp über der Erde abschneiden. Ältere und blühende Kresse schmeckt etwas bitter.
Verwendung: Frisch; passt gut zu Salaten, Eierspeisen, in Quark und Kräuterbutter oder als Belag für ein Vollkornsandwich. Schmeckt pfeffrig-scharf; reich an Vitamin C. Als Heilpflanze: Kresse regt den Stoffwechsel an und gilt als pflanzliches Antibiotikum.

Liebstöckel, Maggikraut
Levisticum officinale

100-200 | V X

Aussehen: Buschiger, aufrechter Wuchs; horstbildend mit tiefgreifender Wurzel; Stängel hohl, Blätter geteilt und etwas hart; mehrjährig.
Blüte: Juli bis August; blassgelb.
Standort: In tiefgründiger, nährstoffreicher Erde ; Pflanze beansprucht viel Platz.
Pflege: Stets gleichmäßig feucht halten; im Herbst mit Kompost düngen und zurückschneiden. Pflanze nach Bedarf stützen (wird sehr hoch!).
Vermehrung: Aussaat im Frühjahr; Wurzelstockteilung im Frühjahr oder Herbst.
Ernte: Frische Blätter laufend; Samen und Wurzeln im Herbst des zweiten Jahres.
Verwendung: Liebstöckel würzt vor allem Suppen und Eintöpfe (Blätter werden mitgekocht); junge, zarte Blätter können Sie an Rohkost-Salate geben. Wurzeln werden häufig in Schnaps angesetzt. Als Heilpflanze: Wirkt harntreibend und fördert die Verdauung.

Aztekisches Süßkraut
Lippia dulcis

20-30 | I XII

Aussehen: Flach wachsend mit überhängenden, langen Ranken; gerippte und behaarte Blätter.
Blüte: Juli bis September; weiße kleine Blüten mit intensivem Honigduft.
Standort: Durchlässige, sandig-lehmiger Erde. Da nicht frosthart, besser im Topf kultivieren. Attraktive Ampelpflanze.
Pflege: Mäßig gießen und düngen. Triebspitzen regelmäßig zurückschneiden. Nicht winterhart, bei über 10 °C und möglichst hell überwintern.
Vermehrung: Stecklinge im Frühsommer; Absenker.
Ernte: Blätter und Blüten; ganzjährig, nach Bedarf.
Verwendung: Enthält natürlichen Süßstoff; ideal zum Süßen von Kräutertee und Desserts. Als Heilpflanze: Das Kraut ist reich an ätherischen Ölen und Kampfer; Tee wirkt entspannend, tonisierend und schleimlösend bei Husten sowie Erkältungskrankheiten.

Zitronenmelisse
Melissa officinalis

50-80 | IV X

Aussehen: Dicht, buschig und aufrecht wachsendes Kraut mit verzweigten, behaarten Stängeln. Blätter gezähnt und nach Zitrone duftend; mehrjährig.
Blüte: Juni bis August; rosaweiße Lippenblüten in den Blattachseln.
Standort: Humusreicher, durchlässiger Boden.
Pflege: Regelmäßig gießen, mäßig düngen; wuchert gerne, deshalb Pflanze im Sommer ein bis zwei Mal bodennah zurückschneiden.
Vermehrung: Aussaat im Frühjahr; Wurzelstockteilung im Frühjahr oder Herbst.
Ernte: Junge Blätter und Triebe laufend vor der Blüte; lassen sich gut trocknen.
Verwendung: Zum Verfeinern von Salaten, Desserts, Tees. Als Heilpflanze: Bewährt bei Lippenbläschen, dazu frisches Blatt zerreiben, Saft auftupfen. Melissengeist hilft bei Magenproblemen.
Sorten: Zwerg-Melisse 'Nana' (15 cm hoch); Gold-Melisse 'Aurea' (goldgelb panaschierte Blätter).

Bärwurz
Meum athamanticum

Aussehen: Buschiger, aufrechter Wuchs; horstbildend; fein gefiederte, aromatische Blätter; mehrjährig.
Blüte: Mai bis August, attraktive weiße Doldenblüten.
Standort: In sandig-lehmigen Böden; feucht, aber gut durchlässig; gedeiht auch in großen Gefäßen. Pflanze darf nicht austrocknen. Gelegentlich wild wachsend auf Feuchtwiesen zu finden.
Pflege: Stets gut feucht halten; trocknet schnell aus.

Vermehrung: Aussaat (anspruchsvoll) oder Wurzelteilung im Frühjahr.
Ernte: Junge Blätter (gleichen Dill) je nach Lage ab Mai bis August, Samen und Wurzeln im Herbst.
Verwendung: Vor allem junge Blätter, aber auch Samen und Wurzelstücke (frisch oder getrocknet); Würz-, Tee- und Heilkraut; würzt vorzüglich Suppen, Kräutersoßen, Quark, Gemüse und Fischgerichte. Als Heilpflanze: Besitzt herz- und magenstärkende Eigenschaften.

Arabisches Bergkraut, Bergthymian
Micromeria fruticosa

Aussehen: Aufrecht und buschig wachsender Kleinstrauch.
Blüte: Juli bis August; kleine, weiße Lippenblüten.
Standort: Geschützt; in gut durchlässigem, kalkhaltigem Boden. Kann prima als Kübelpflanze gehalten werden.
Pflege: Da nicht ganz frosthart, in rauen Lagen Winterschutz (Abdeckung mit Reisig oder Laub) erforderlich.
Vermehrung: Aussaat im Frühjahr, Stecklinge im Sommer.

Ernte: Frische Zweige samt Blüten im Sommer.
Verwendung: Das intensive Aroma seiner silbergrauen, majoranähnlichen Blätter gleicht einer Mischung aus Minze und Oregano. Zum Würzen von Fisch, Fleisch, insbesondere Lamm sowie zur Zubereitung von Tee (ideal für Mischungen) geeignet. Sowohl Blätter als auch Blüten lassen sich gut trocknen.
Hinweis: Zur Blütezeit beliebte Bienenweide.

Goldmelisse, Scharlach-Indianernessel
Monarda didyma

Aussehen: Aufrecht und buschig wachsend; horstbildend mit kantigen Stängeln; spitze, leicht gezähnte Blätter; mehrjährig.
Blüte: Juni bis Oktober; Etagen bildend, duftend; rosa, rot, weiß, lila.
Standort: In nährstoffreicher, durchlässiger Erde; im Beet oder geräumigen Kübel.
Pflege: Regelmäßig gießen; auf Mehltaubefall achten; im Spätherbst nach der Blüte oder im Frühling bodennah abschneiden; Pflanze durch Wurzelstockteilung nach ungefähr drei Jahren verjüngen.

Vermehrung: Aussaat, Wurzelstockteilung.
Ernte: Blätter und Blüten; können getrocknet werden.
Verwendung: Blütenblätter und Blätter verfeinern Bowlen, Milchgetränke, schwarzen Tee sowie Obstsalate. Als Heil- und Teekraut: schleimlösend, verdauungsfördernd und fiebersenkend.
Weitere Arten: Rosen-Monarde (*Monarda fistulosa × tetraploid*); Zitronen-Monarde (*Monarda citriodora*).

Süßdolde
Myrrhis odorata

Aussehen: Frostharte Staude mit farnähnlichen, großen Blättern und samenbildenden Blüten; lockerer, buschiger Wuchs.
Blüte: Mai bis Juni, weiß.
Standort: In humusreicher, durchlässiger Erde.
Pflege: Gleichmäßig gießen, hin und wieder düngen, ansonsten pflegeleicht. Breitet sich stark aus, daher im Herbst den Wurzelstock verkleinern.
Vermehrung: Aussaat; Wurzelstockteilung im Frühjahr oder Herbst.

Ernte: Junge Blätter laufend bis in den Spätsommer; Wurzeln ab Mitte September; Samen grün ernten und zum Trocknen auslegen.
Verwendung: Frische Blätter und Wurzelstücke (Anis-Geschmack) würzen Suppen, Gemüse und Eintöpfe. Samen süßen Fruchtsalate und Müsli. Als Heilpflanze: Ein Tee aus den Blättern empfiehlt sich bei Husten und leichten Verdauungsbeschwerden.
Hinweis: Nektarpflanze für Bienen, Hummeln und Schmetterlinge.

Minzen

Pfefferminze
Mentha × piperita

Aussehen: Mehrjährige, krautige, dicht-buschige Pflanze mit gestielten, langen, schmalen und gesägten, grünpurpurnen Blättern und purpurfarbenem Stängel.
Blüte: Juli bis August; bläulich lila bis rosa blühende Scheinähren.
Standort: In lockerem, möglichst humus-reichem oder lehmigem Boden.
Pflege: Regelmäßig gießen und düngen; Pfefferminze wuchert, daher ist eine Wur-zelsperre empfehlenswert. Alternative: Geräumigen Eimer (Wasserabzugslöcher hineinbohren) ins Beet einbuddeln und be-pflanzen. Spätestens nach drei Jahren Be-stand erneuern.
Vermehrung: Aussaat; Stecklinge im Früh-jahr; Wurzelteilung im Herbst oder Frühjahr.
Ernte: Junge Blätter und Triebspitzen lau-fend; zum Trocknen vor der Blüte bodennah abschneiden.
Verwendung: Blätter aromatisieren Konfi-türen, Liköre und Gemüse. Als Heilpflanze: Bei Magen- und Darmbeschwerden, ent-hält Menthol, Bitter- und Gerbstoffe.

60-80   IV/X

Die Minzen kann man unbestritten als Großfamilie bezeichnen, denn es gibt sehr viele Arten und Sorten. Auch wenn der Klassiker (*Mentha × piperita*) innerhalb der eigenen Familie reichlich Konkurrenz hat, so ist die klassische Pfefferminze als erfrischendes Tee- oder Heilkraut unschlagbar.
Im Aufwind der vergangenen Jahre stehen mehr und mehr auch fruchtbetonte Minzen wie die Zitronen-Minze (*Mentha × piperita* var. *citrata*) oder die Bananen-Minze (*Mentha arvensis* 'Banana'), die ihr Aroma beson-ders an warmen Tagen verströmt. Sie macht ihrem Namen alle Ehre und erinnert beim Drüberstreichen tatsächlich ein wenig an Banane. Sie schmeckt beson-ders gut zu Obstsalaten und fruchtigen Desserts.

Auswahl für Teeliebhaber

Man kann Pfefferminze wunderbar mit Zitronen-Melis-se, einem kleinen Stückchen Ingwerwurzel sowie etwas Lemongras, Erdbeer- und Brombeerblättern aufgießen. Besonders attraktiv finde ich persönlich vor allem die Marokkanische Minze (*Mentha spicata* var. *crispa*). Aus ihren Blättern lässt sich nicht nur ein wunderbarer, erfrischender Tee aufgießen; die Pflanze fasziniert auch durch ihren schönen, dekorativen Wuchs und die hübschen Blüten. Weitere köstliche Tee-Minzen sind Russische Minze (*Mentha × piperita* var. *citrata* 'Russi-an'), Swiss Minze (*Mentha × hybrida*) sowie die Thürin-ger Minze (*Mentha × piperita* 'Multimentha').

◀ Kärntner-Minze
Mentha austriaca

Besonderheit: Intensives Minzaroma, wunderbares Teekraut; Nektarpflanze für Bienen, Hummeln und Schmetterlinge; stark wachsend.

Cervina-Minze ▶
Mentha cervina

Besonderheit: Attraktive rosa-lilafarbene Blüte; sehr interessante spitze Blätter; nicht wuchernd. Zum Verzehr nur bedingt geeignet.

◀ Samt-Minze
Mentha dumetorum

Besonderheit: Aufrecht und stark wachsend; hellviolette Blüten nur bedingt frosthart. Für Tees und frische Speisen.

Krause Minze ▶
Mentha × piperita 'Crispula'

Besonderheit: Gedrungener Wuchs, länglicher Blütenstand; Blattränder geschlitzt. Besitzt keinen typischen Minzgeruch.

◀ Grüne Minze
Mentha spicata

Besonderheit: Duftet und blüht ähnlich wie die Pfefferminze; wird zur Kaugummiherstellung verwendet; attraktive Blüten ab Juli.

Apfel-Minze ▶
Mentha suaveolens 'Variegata'

Besonderheit: Dekorative grünweiß panaschierte Blätter; schön zur Bepflanzung von Schalen und Töpfen; Schnittgrün für Sträuße.

◀ Bernstein-Minze
Mentha spec. 'Jokka'

Besonderheit: Kleine, silbrig-hellrosa Blütenrispen und sattgrüne Blätter; herb würzig im Geschmack. Gut haltbar in Sträußen.

Belgische Minze ▶
Mentha spec. 'Ouwencelli'

Besonderheit: Blätter samtig, relativ dunkel und sehr aromatisch. Wird zur Herstellung von Schokolade verwendet.

Basilikum

Basilikum
Ocimum basilicum

Aussehen: Reich verzweigtes Würzkraut. Die Blätter variieren in Form und Farbe je nach Art und Sorte. Es gibt einjährig und ausdauernd wachsende Arten.
Blüte: Juli bis September; weiß bis rosa-purpurn.
Standort: Sonnig (jedoch ohne direkte Mittagssonne) und windgeschützt; gut durchlässiger und frischer Boden.
Pflege: Gleichmäßig gießen, am besten morgens; Triebspitzen regelmäßig abkneifen, dann wächst das Würzkraut schön buschig. An Regentagen auf Schneckenbefall achten, bei Bedarf unbedingt regelmäßig absammeln, denn Basilikum ist für Nacktschnecken ein wahrer Leckerbissen.
Vermehrung: Aussaat im Frühjahr unter Glas, ab Ende Mai direkt ins Beet; Stecklinge mehrjähriger Arten im Sommer.
Ernte: Blätter und Triebspitzen laufend; Ausnahme: während der Blütezeit.
Verwendung: Basilikum nur frisch verwenden, durch Erhitzen verliert es sein Aroma, auch beim Trocknen bleibt nicht viel übrig.

30-60   IV/X

Was wäre ein Tomatensalat mit Ziegen- oder Schafskäse ohne ein paar Blättchen frisches Basilikum oder Spaghetti ohne Basilikum-Pesto? Überhaupt ist das wunderbare Kraut aus mediterranen Gerichten nicht wegzudenken.

Basilikum lässt sich hervorragend mit Oregano, Petersilie, Thymian und auch Rosmarin kombinieren. Das sonnenhungrige und etwas empfindliche Kraut (nach dem Ernten möglichst rasch verwenden!) würzt neben Salaten auch Fisch und Geflügel vorzüglich.

Neben den beliebten Klassikern wie Genoveser Basilikum (*Ocimum basilicum* 'Genoveser') oder großblättrigem Basilikum (*Ocimum basilicum*) haben Züchter und Pflanzensammler in den vergangenen Jahren mit einigen Raritäten beziehungsweise Neuzüchtungen viel zur Popularität von Basilikum beigetragen. Äußerst feine und auch attraktive Varianten sind hinzugekommen. Einen wunderbaren Zitrusduft verströmt zum Beispiel Lemon-Basilikum (*Ocimum americanum*), das nicht nur in der Dessertküche, sondern auch für Duftpotpourris gefragt ist. Vom Duft her betörend und mit hübschen Blüten ausgestattet, macht auch Zimt-Basilikum (*Ocimum basilicum* 'Cinnamomum') sowie das mehrjährig wachsende Basilikum 'African Blue' (*Ocimum kilimandscharicum × basilicum purpureum*) auf sich aufmerksam. Ein Wohlgenuss für jede Schnuppernase und bildschön im Topf, besonders zur Blütezeit.

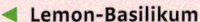

Lemon-Basilikum
Ocimum americanum

Besonderheit: Blätter verströmen einen intensiven Limonenduft; lecker in Süßspeisen und Bowlen; ideal für Duftpotpourris.

Feinblättriges Basilikum ►
Ocimum basilicum 'Baristo® Greco'

Besonderheit: Kompakter Wuchs, sehr kleine Blätter und ein wunderbares Basilikumaroma zeichnen die Sorte aus.

Zimt-Basilikum
Ocimum basilicum 'Cinnamomum'

Besonderheit: Dekorative, rot überlaufene Blüten mit rosa Lippenblütchen. Blätter verströmen einen wohltuenden Zimtduft.

Dunkelrotes Basilikum ►
Ocimum basilicum 'Osmin'

Besonderheit: Kompakter Wuchs; durch und durch purpurrot gefärbt, gezähnte Blätter; gut zum Würzen geeignet, hoher Zierwert.

Genoveser Basilikum 'Special Select'
Ocimum basilicum 'Special Select'

Besonderheit: Einjähriges, großblättriges, sehr aromatisches Würzkraut. Aufrecht und buschig wachsend.

Genoveser Basilikum 'Thai' ►
Ocimum basilicum 'Thai'

Besonderheit: Küchenkraut mit Lakritz-Aroma. Treibt hübsche rote Blüten. Dankbare Kübelpflanze (nicht frosthart!).

Strauch-Basilikum 'African Blue'
Ocimum kilimandscharicum × basilicum purpurascens

Besonderheit: Intensives Aroma, super schöne rote Blattadern und Blüten; mehrjährig wachsend.

Tulsi ►
Ocimum sanctum

Besonderheit: Stark würziger Blattduft, der ein wenig an Gewürznelken, Zimt und Weihrauch erinnert. Einjährige Duft- und Gewürzpflanze.

Brunnenkresse, Bachkresse
Nasturtium officinale

Aussehen: Kriechendes, winterhartes Kraut mit rundlichen, gefiederten Blättern.
Blüte: Mai bis September; kleine, weiße Doldenblüten.
Standort: Ideal sind feuchte Böden oder Teichrand. Brunnenkresse liebt es, ständig im Wasser zu stehen; wild wachsend in fließenden Gewässern.
Pflege: Wurzeln sollten stets im Wasser stehen; nicht düngen. Regelmäßiger Rückschnitt fördert buschigen Wuchs.

Vermehrung: Aussaat, dabei Samen stets nass halten.
Ernte: Junge Triebe und Blätter vor der Blüte.
Verwendung: Brunnenkresseblätter sind besonders reich an Vitamin C, Jod und Eisen. Sie schmecken angenehm scharf und lecker an Salaten, in Kräutersuppen und -soßen. Nicht täglich oder in hohen Mengen konsumieren, sonst kann es zu Magenbeschwerden kommen.

Gewöhnliche Katzenminze
Nepeta cataria

Aussehen: In der Regel aufrecht wachsend (unterschiedliche Wuchsformen, je nach Sorte); vierkantige, behaarte Stängel; gezähnte, graugrüne, bei Berührung intensiv duftende, eiförmige Blätter, die filzig behaart sind; mehrjährig.
Blüte: Ende Mai bis September; weißrosa, reich blühend.
Standort: Wärmeliebend; bevorzugt sandigen, gut durchlässigen Boden.
Pflege: Rückschnitt nach der Blüte (treibt

rasch wieder aus) und im Frühjahr; ansonsten anspruchslos.
Vermehrung: Aussaat im Frühjahr; Wurzelstockteilung im Herbst.
Ernte: Junge Blätter, knospige Triebe, Blütenstiele.
Verwendung: Passt in Duftpotpourris, Kräuterkissen (intensiver Zitronen-Pfefferminz-Duft), Blumensträuße. Als Heilpflanze: fiebersenkende, schweißbildende und beruhigende Wirkung.

Echter Majoran
Origanum majorana

Aussehen: Buschig, mit aromatischen Blättern und Blüten; ein- und zweijährig.
Blüte: Juni bis September; klein, weiß oder lilafarben.
Standort: In durchlässiger, leicht sandiger und nährstoffreicher Erde. Jährlicher Standortwechsel ist empfehlenswert.
Pflege: Regelmäßig düngen, sparsam gießen, Staunässe vermeiden.
Vermehrung: Aussaat im Frühjahr; Stecklinge.

Ernte: Blätter und Triebe laufend, lassen sich gut trocknen. Während der Blüte ist die Würzkraft besonders intensiv.
Verwendung: Würzkraut für deftige Fleischgerichte, Aufläufe und Eintöpfe. Ätherische Öle regen die Verdauung an. Majoran eignet sich auch für Tee und zum Befüllen von Kräuterkissen.
Sorten: 'Variegata' (weißbunte Blätter); winterharter Sizilianischer Majoran (*Origanum × majoricum*).

Französischer Majoran
Origanum onites

Aussehen: Aufrecht und buschig wachsende Staude mit graugrünen, lanzettlichen Blättern; nicht ganz winterhart.
Blüte: Juni bis August; hellrosa bis weiß.
Standort: In leichtem, durchlässigem, eher magerem Boden, in Steingärten und offenen Trockenmauern.
Pflege: Sparsam gießen und düngen; Staunässe unbedingt vermeiden. Winterschutz in rauen Lagen notwendig; Formschnitt im Frühjahr.

Vermehrung: Aussaat im Frühjahr; Stecklinge vor der Blüte.
Ernte: Blätter und Blüten ab Mai bis zum Herbst laufend.
Verwendung: Unentbehrlich für die mediterrane Küche; das pfeffrige Aroma wird durch Erhitzen freigegeben und würzt Tomaten sowie Pastasoßen, Pizza, Gemüse, Kräuterbutter, -essig und -öl. Lässt sich gut trocknen. Schmetterlingsmagnet; Blütenstiele für Sträuße und Potpourris.

Griechischer Oregano, Pizza-Oregano
Origanum vulgare ssp. hirtum (syn. Origanum heracleoticum)

   30-60 VII/IX

Aussehen: Aufrecht und buschig wachsende Gewürzpflanze mit eiförmigen, mittelgrünen und etwas behaarten Blättern.
Blüte: Juni bis September; weiß.
Standort: In gut durchlässigem, sandig-lehmigem Boden.
Pflege: Regelmäßig gießen (Staunässe wird jedoch nicht vertragen!); hin und wieder etwas düngen. Rückschnitt nach dem Austrieb im Frühjahr; in rauen Lagen Winterschutz empfehlenswert. Wird gerne von Echtem Mehltau befallen, ggf. starker Rückschnitt erforderlich.
Vermehrung: Aussaat im zeitigen Frühjahr; Stecklinge vor der Blüte.
Ernte: Frische Blätter und Triebspitzen im Sommer laufend, zum Trocknen erst Ende August/Anfang September.
Verwendung: Ideal zum Würzen von Pizzen, Bohnen-, Tomaten- und Kartoffelgerichten. Als Heilpflanze: Tee bei Appetitlosigkeit, Magen- und Darmbeschwerden.

Gewöhnlicher Dost
Origanum vulgare ssp. vulgare

50-100 VI/X

Aussehen: Buschig (ca. 60 cm breit) und horstbildend. Leicht behaarte, aromatische Blätter; mehrjährig.
Blüte: Juli bis September; hellviolett.
Standort: An einem sonnig-warmen Platz in nährstoffreicher, trockener Erde entwickelt er ein super Aroma.
Pflege: Regelmäßig gießen, jedoch Staunässe vermeiden; hin und wieder leicht düngen. Anfällig für Rost, bei Bedarf erkrankte Zweige rigoros zurückschneiden.
Vermehrung: Aussaat und Teilung im Frühjahr, Stecklinge im Frühsommer.
Ernte: Junge Triebe und Blätter laufend ab Juni, zum Trocknen nach Beginn der Blüte.
Verwendung: Würzt Fleisch- und Fischgerichte, Kräuterbutter, Pizza, Teemischungen. Als Heilpflanze: Regt den Stoffwechsel an, wirkt entwässernd, schleimlösend und appetitanregend.
Hinweis: Bienen- und Schmetterlingspflanze.

Petersilie
Petroselinum crispum

  15-40 30-100 blühend   V/X

Aussehen: Buschiger Wuchs; mit dunkelgrünen, gefiederten, glatten oder gekrausten Blättern; zweijährig.
Blüte: Juli bis August; unscheinbare gelbgrüne Blütendolden (im zweiten Jahr).
Standort: In tiefgründigem, humusreichem und feuchtem Boden. Beet bei Neupflanzung wechseln, da Pflanze mit sich selbst unverträglich ist.
Pflege: Relativ anspruchslos; regelmäßig gießen.
Vermehrung: Aussaat ab März, bis spätestens Juli, direkt ins Beet.
Ernte: Blätter nach Bedarf schneiden; Herzblätter (Pflanzenmitte) stehen lassen, dann treibt die Pflanze immer wieder neu aus.
Verwendung: Klassische Würze für Gemüse, Suppen, Quarkspeisen und Salate; kann auch mitgekocht werden; reich an Vitamin A und C.
Sorten: 'Mooskrause', 'Grüne Perle'.

Anis
Pimpinella anisum

   40-60 VI/X

Aussehen: Aufrechter Wuchs mit rundlichen, gezähnten und gefiederten Blättern; einjährig.
Blüte: Juli/August; weiße Doldenblüten, aus denen sich aromatische Samen entwickeln.
Standort: Windgeschützt; in warmem, lockerem, gut durchlässigem, leicht kalkhaltigem Boden.
Pflege: Sparsam gießen und düngen; ansonsten pflegeleicht.
Vermehrung: Aussaat im Frühjahr.
Ernte: Junge, frische Blätter ab Juni bis Oktober laufend; Samen, wenn sie braun sind (je nach Lage im September oder Oktober).
Verwendung: Mit Anis lassen sich Süßspeisen, Gebäck und Soßen aromatisieren. Er ist Bestandteil vieler Spirituosen, z. B. von Pastis, Ouzo und Raki. In erster Linie wird Anis-Samen verwendet. Als Heilpflanze: Anis-Früchte sind reich an ätherischen Ölen (Wirkung: antibakteriell, schleimlösend). Anistee lindert Blähungen.

Duft-Pelargonien

Duft-Pelargonie, Duftblattgeranie

Pelargonium capitatum,
Pelargonium × citriodorum etc.

Aussehen: So zahlreich wie die Arten- und Sorten-Vielfalt, so unterschiedlich ist auch ihr Erscheinungsbild.
Blüte: Je nach Art von Mai bis September, in unterschiedlichen Farben (Bild: 'Atomic Snowflake')
Standort: Gut durchlässige, leicht sandige, nährstoffreiche Erde. Da die Pflanzen nicht winterhart sind, am besten im Kübel halten.
Pflege: Regelmäßig gießen, Staunässe vermeiden; Pflanzgefäß mit Blähton auspolstern und für einen guten Wasserabzug sorgen. Hell, jedoch nicht zu warm überwintern. Für buschigen Wuchs im Herbst oder Frühjahr in Form schneiden.
Vermehrung: Stecklinge ganzjährig.
Ernte: Frische Blätter, ganzjährig.
Verwendung: Das intensive Blattaroma lässt sich für Desserts, Kuchen, Bowlen und Tee nutzen. Die Blätter werden allerdings nicht mitgegessen, sondern nach der Zubereitung wieder entfernt.

20-100 | I / XII

Auch wenn es die ersten Duft-Pelargonien bereits seit dem 17./18. Jahrhundert in Europa gibt, haben sie bei weitem nicht die gleiche Popularität wie die eng verwandten Balkongeranien. Was nicht verwundert, denn ihr Trumpf ist nicht eine auf den ersten Blick sichtbare Blütenfülle, sondern vielmehr der Duft ihrer Blätter, der je nach Art oder Sorte mit völlig unterschiedlichen Nuancen aufwartet.

Leicht und fruchtig, betörend oder schwer

Ob die Pflanzen nun nach Zitrus, Rose, Pfefferminze, Schokolade, Kiefernadeln, Gewürzen, Karotten, Aprikosen oder schlicht nach Harz riechen, macht diese Pelargonien-Familie zwar interessant, lässt sie aber keinen Schönheitswettbewerb gewinnen. Ihre Blüten sind bis auf wenige Ausnahmen eher klein und unscheinbar und halten sich auch nicht sehr lange.

Anders als bei duftenden Blüten reifen die Aromen zunächst einmal unbemerkt in den häufig dickeren, streichelzarten oder rauen Blättern heran. Doch wenn man mit der Hand darüberstreicht, ein Blatt teilt oder es mit den Fingern zerreibt, wird der Duft sofort freigesetzt und parfümiert die Luft nachhaltig. Das Aroma ist durchdringend, intensiv und hält sich sehr lange, besonders wenn die Blätter getrocknet sind. Was sie zur idealen Zugabe für Duftsäckchen und Kräuterkissen macht. Probieren Sie es aus, Sie werden begeistert sein!

Rosengeranie 'Attar of Roses'
Pelargonium capitatum 'Attar of Roses'

Besonderheit: Kleine, rosafarbene Blüten und rosenähnlicher Blattduft; ideal für Duftsäckchen.

Duftgeranie 'Prince of Orange' ▶
Pelargonium x citriodorum 'Prince of Orange'

Besonderheit: Sehr attraktive Pflanze mit großen Einzelblüten. Die Blätter duften intensiv nach Orangen; im Kübel halten.

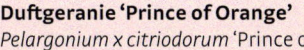

Duftgeranie 'Queen of Lemons'
Pelargonium crispum 'Queen of Lemons'

Besonderheit: Wunderschöne 1,5 bis 2 cm kleine Blüten; Blätter verströmen einen intensiven Zitronenduft; mehrjährig, frostfrei überwintern.

Muskatnussgeranie ▶
Pelargonium fragrans

Besonderheit: Zierliche Pflanze (wird nicht höher als 20 cm) mit graugrünen sehr würzigen Blättern. Eignet sich hervorragend zur Ampelbepflanzung.

Duftgeranie ◀
Pelargonium fructicosum

Besonderheit: Aparte Blüten in weiß oder rosa mit magentafarbener Zeichnung; dreigeteilte, fleischige Blätter mit angenehmem, würzigem Duft.

Duftgeranie ▶
Pelargonium graveolens

Besonderheit: Typisch für die Wildform sind der Rosenduft, der je nach Sorte von zitronig bis minzig reicht, und die tief gelappten Blätter.

Apfelduft-Pelargonie ◀
Pelargonium odoratissimum

Besonderheit: Die rundlichen, samtigen Blätter duften herrlich nach frischen Äpfeln; kriechende Wuchsform, daher ideal für Ampelbepflanzung.

Eichenlaub-Pelargonie ▶
Pelargonium quercifolium 'Royal Oak'

Dekoratives, gelapptes Blattwerk mit herbwürzigem Duft; kleine hübsche Blüten ab Mai bis September; wehrt Mücken ab.

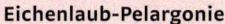

Jamaikathymian
Plectranthus amboinicus (syn. *Coleus amboinicus*)

Aussehen: Mehrjährige, frostempfindliche Pflanze mit dekorativen sukkulenten (dickfleischigen) Blättern; aufrecht-buschiger Wuchs.
Blüte: Juli bis September; hellrosa.
Standort: Warmer Platz; durchlässiger, humoser Boden.
Pflege: Regelmäßig, aber sparsam gießen und düngen; Staunässe vermeiden. Frühzeitiges Entspitzen der Haupttriebe fördert buschigen Wuchs; leichter Rückschnitt im Herbst ist möglich; pflegeleichte Topfkultur; Überwinterung bei mindestens 12 °C.
Vermehrung: Aussaat, Stecklinge, Teilung.
Ernte: Zarte, fleischige Blätter, ganzjährig.
Verwendung: Die fleischigen Blätter schmecken zitronig, leicht thymianartig; sie würzen Rohkost und Salate (sparsam verwenden); sie sind auch für die Zubereitung von Tee geeignet.

Portulak, Sommer-Portulak
Portulaca oleracea

Aussehen: Buschiger, niederliegender Wuchs; mit sukkulenten, löffelförmigen, glänzenden Blättern und rötlichen Stängeln; einjährig.
Blüte: Juni bis September; gelb.
Standort: Windgeschützt stellen; gut durchlässiger, sandiger Boden.
Pflege: Regelmäßig gießen und sparsam düngen. Durch zeitiges Entspitzen bekommt das Kraut einen buschigen Wuchs.
Vermehrung: Aussaat ins Freiland ab Mai oder im Frühjahr vorziehen.
Ernte: Junge Blätter und Triebe vor der Blüte laufend.
Verwendung: Die fleischigen Blätter und auch die Triebe schmecken etwas nussig und passen gut in Quarkspeisen, Salate und lassen sich für Kräutersuppe sowie Gemüsegerichte nutzen. Als Heilpflanze: Portulak regt den Stoffwechsel an und gilt als blutreinigend. Er ist reich an Omega-3-Fettsäuren, Vitamin C, Spurenelementen und Mineralstoffen.

Rosmarin
Rosmarinus officinalis

Aussehen: Immergrüner, buschiger Strauch; grüne bis weißfilzige, nadelartige Blätter.
Blüte: März bis Juni, Nachblüte im Spätsommer; Rosa- und Blautöne.
Standort: Geschützter Platz; in lockerem, sandigem, durchlässigem Boden. In rauen Lagen besser in Töpfen halten, da die meisten Sorten nicht frosthart sind.
Pflege: Sparsam gießen, Staunässe vermeiden; nur wenig düngen; öfter mal zurückschneiden. Im Topf hell und kühl überwintern; im Beet Winterschutz notwendig.
Vermehrung: Stecklinge im Sommer.
Ernte: Blätter, ganzjährig.
Verwendung: Würzt Fleisch, Fisch, Gemüse und ist vor allem in der mediterranen Küche gefragt. Er lässt sich prima trocknen, für Sträuße, Gestecke, Potpourris und Kräuterkissen. Als Heilpflanze: Wirkt appetitanregend, stärkt Nerven und Kreislauf (sparsam dosieren).
Sorten: 'Prostatus' (für Hängeampeln), 'Salem' (verträgt bis −20 °C).

Großer Sauerampfer
Rumex acetosa

Aussehen: Buschiger Wuchs mit aufrechten, kantigen Stängeln und grünen, breiten Blättern, mehrjährig.
Blüte: Mai bis Juli; rötlich bis blassgrün.
Standort: Kommt in nahezu jeder Lage zurecht; feuchte, gut durchlässige Komposterde verwenden.
Pflege: Regelmäßig gießen, düngen und auf Schneckenbefall hin überprüfen, besonders bei feuchter Witterung.
Vermehrung: Aussaat von März bis August.
Ernte: Junge Blätter und Sprossspitzen.
Verwendung: Sauerampfer wie Spinat zubereiten, passt gut in grüne Soßen, in Kräuterbutter und zu Salaten. Das Wildgemüse ist reich an Vitamin C, Eisen und Oxalsäure. Letztere wird in großen Mengen nur schlecht vertragen und kann die Nieren angreifen, deshalb Sauerampfer nicht täglich oder in großen Mengen verzehren. Das Kraut wirkt blutreinigend und entschlackend.
Weitere Art: Blut-Ampfer *(Rumex sanguineus)*.

Kleiner Wiesenknopf
Sanguisorba minor

Aussehen: Krautige, aufrecht wachsende und horstbildende, mehrjährige Pflanze mit mittelgrünen, eiförmigen Fiederblättern. Auf langen, dünnen Stielen bilden sich bezaubernde, kleine Blütenköpfchen.
Blüte: Mai bis August; purpurrot.
Standort: In sandig-humoser, etwas kalkhaltiger und leicht feuchter Erde.
Pflege: Regelmäßig gießen und düngen; falls viel Blattwerk erwünscht, Blütenstände vor dem Aufblühen zurückschneiden.
Vermehrung: Aussaat im Frühling.
Ernte: Frische Blätter und junge Triebe.
Verwendung: Blätter schmecken nussartig, würzen Kräutersoßen, -butter, Quark, Eierspeisen, Gemüse und Suppen; sie sind reich an Vitamin C und wirken appetitanregend. Als Heilpflanze: Tee hilft bei Entzündungen im Mund und Rachen, wirkt stärkend und harntreibend.

Großer Wiesenknopf
Sanguisorba officinalis

Aussehen: Krautige, mehrjährige Pflanze mit gefiederten Blättern (Oberseite dunkelgrün, Unterseite blaugrün).
Blüte: Juli bis September; dunkelrot; 1 bis 3 cm lange Blütenköpfchen.
Standort: In der Natur ist der Große Wiesenknopf vor allem auf Feuchtwiesen zu finden; im Garten gedeiht er gut in nährstoffreichen wie humushaltigen Lehmböden.
Pflege: Beet stets gut feucht halten (Erde darf nicht austrocknen) und düngen.
Vermehrung: Aussaat im Frühjahr, Wurzelstockteilung im Herbst.
Ernte: Blätter im Sommer; Wurzeln im Herbst.
Verwendung: Junge Blätter für Suppen und Soßen; regen Appetit und Verdauung an. Als Heilpflanze: Bei Verbrennungen und Entzündungen gerbsäurehaltige Wurzeln pürieren und auf betroffene Stellen auftragen; ein Absud kann bei offenen Wunden sowie Zahnfleischbluten Linderung bringen.

Sommer-Bohnenkraut
Satureja hortensis

Aussehen: Buschiger, stark verzweigter Wuchs, mit schmalen, würzigen, lanzettlichen Blättern; einjährige Art.
Blüte: Juli bis Oktober; kleine weiße bis hellviolette Lippenblüten.
Standort: Warm, in durchlässiger Erde. Ideal auch für Topfkultur und Steingärten.
Pflege: Pflegeleicht; mäßig gießen, aber nie austrocknen lassen und nur wenig düngen; auf Rost-Befall achten.
Vermehrung: Aussaat im Frühjahr.
Ernte: Junge Blätter und Triebspitzen laufend; höchste Würzkraft unmittelbar beim Aufblühen.
Verwendung: Aufgrund des pfeffrigen Aromas wird Sommer-Bohnenkraut oft auch Pfefferkraut genannt und als Salzersatz verwendet. Es verfeinert Bohnengerichte, Eintöpfe, grüne Salate, Quarkspeisen, Fleisch und Fisch. Als Heilpflanze: Tee fördert die Verdauung und ist hilfreich bei Blähungen.

Winter-Bohnenkraut, Berg-Bohnenkraut
Satureja montana ssp. *montana*

Aussehen: Buschiger Halbstrauch.
Blüte: August bis Oktober; kleine, intensiv duftende rosafarbene bis violette Blüten.
Standort: Durchlässige, sandige Erde; mäßig trocken, gerne auch leicht kalkhaltig.
Pflege: Im Frühjahr düngen und Pflanze in Form schneiden.
Vermehrung: Aussaat im zeitigen Frühjahr; Stecklinge im Sommer; Absenker.
Ernte: Junge Triebe rund ums Jahr (außer bei Frost); Haupternte unmittelbar vor und während der Blüte. Lässt sich gut trocknen.
Verwendung: Küchen- und Heilkraut; wirkt appetitanregend und verdauungsfördernd; erinnert ein wenig an Thymian. Würzt Lammfleisch, Bohnen- und deftige Kartoffelgerichte.
Weitere Arten: Zitronen-Bohnenkraut (*Satureja montana* var. *citriodora*), ideal für heiße Plätze und magere Böden. Kriechendes Berg-Bohnenkraut (*Satureja spicigera*), ideal für Steingärten, flache Schalen und Balkonkästen.

Salbei

Echter Salbei, Garten-Salbei
Salvia officinalis

Aussehen: Immergrüner, verholzender Halbstrauch, mit weißfilzig behaarten, eiförmigen und graugrünen Blättern. Sie sind lanzettlich und bis 5 cm breit.
Blüte: Juni bis August; in der Regel violett, gelegentlich auch rosa und bläulich.
Standort: In trockenem, kalkhaltigem, gut durchlässigem und nährstoffreichem Boden, in windgeschützter Lage.
Pflege: Boden unkrautfrei halten, während Trockenperioden wässern, Staunässe vermeiden. In kalten Lagen Ende Oktober anhäufeln und durch Reisigabdeckung schützen.
Vermehrung: Aussaat im Frühjahr; Stecklingsvermehrung im Sommer.
Ernte: Frische Blätter und junge Triebspitzen laufend. Haupternte unmittelbar vor der Blüte.
Verwendung: Lässt sich gut trocknen, einfrieren oder in Öl einlegen. Er würzt (sparsam dosieren!) Fleisch, Fisch, Tomatensoßen, Gemüse und Kräuterbutter. Als Heilpflanze: Entzündungshemmend (Tee gurgeln gegen Halsschmerzen) und magenstärkend (Tee).

30-80 · IV/X

Bereits seit der Antike zählt der Salbei *(Salvia officinalis)* zu den Klassikern unter den Kräutern. Das zeigt sich in zahlreichen Sagen, Mythen, Märchen oder Gedichten, wo er bis zur Gegenwart immer wieder als heilbringendes Würzkraut erwähnt wird.

Salbei ist in jeder Hinsicht ein ganz besonderes Gewächs. Bei den vielen Arten und Sorten, weltweit sollen es mehrere Hundert sein, findet sich für jeden Garten oder Topf etwas Passendes. Was den Geschmack betrifft, so gibt es zweierlei große Gruppen: zum einen die mit der würzigen, herb-aromatischen Note und zum anderen die etwas kleinere Gruppe mit den nach Früchten duftenden Arten.

Salbei – bezaubernd in jeder Hinsicht

Die würzenden und heilbringenden Salvia-Officinalis-Sorten sorgen häufig durch blaue Blüten sowie mehrfarbiges Blattwerk für Aufsehen. Ihre Blätter verströmen beim Zerreiben oder Pflücken einen unverwechselbaren, durchdringenden Duft.
Die Fruchttypen bieten neben attraktiven Blüten ein Farbenspektrum, das von Gelb, Rot bis Lilaviolett reicht und wundervoll duftendes Blattwerk hervorbringt.
Kleiner Wermutstropfen: Die Pflanzen sind nicht frosthart und müssen im Winter bei 5 bis 6 °C vor Frost unbedingt geschützt platziert werden.

Peruanischer-Salbei
Salvia discolor

Besonderheit: Skurrile Wuchsform mit weißfilzigen Blättern, tiefvioletten Blüten, klebrigen Stängeln und aromatischen Blättern; nicht frosthart.

Frucht-Salbei ▶
Salvia dorisiana

Besonderheit: Fruchtiger Blattduft, der wunderbar zu Süßspeisen passt. Frostempfindlich, daher im Kübel, und ab Herbst im hellen Wintergarten halten.

Honigmelonen-Salbei
Salvia elegans 'Honey Melon'

Besonderheit: Blätter haben melonenartiges Aroma; leuchtend rote Blüten. Frostempfindlich, daher im Kübel kultivieren; für Tees und Desserts verwendbar.

Rotwurzel-Salbei ▶
Salvia miltiorrhiza

Besonderheit: Chinesischer Salbei; aufrecht wachsend; dekorative blauviolette Blüten; aromatisches Kraut für Topf und Kübel; ideal für Teemischungen; frosthart.

Krauser Salbei
Salvia officinalis 'Crispa'

Besonderheit: Außergewöhnlicher Garten-Salbei mit flaumigen, gekrausten Blättern. Würzpflanze mit buschigem Wuchs; mehrjährig.

Salbei 'Icterina' ▶
Salvia officinalis 'Icterina'

Besonderheit: Frostharte Sorte mit grüngelb panaschierten Blättern und blauvioletten Blüten.

Salbei 'Kew Gold'
Salvia officinalis 'Kew Gold'

Besonderheit: Goldgelbe, teilweise grün gefleckte Blätter; hellblaue Blüten im Sommer; schön im Beet oder Kübel.

Rotblättriger Salbei ▶
Salvia officinalis 'Purpurascens'

Besonderheit: Auslese mit violettfarbenen, intensiv duftenden Blättern und blauen Blütenstielen. Beliebte Würzpflanze; mehrjährig.

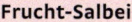

Tripmadam, Felsen-Fetthenne
Sedum reflexum

Aussehen: Flach wachsendes bis kriechendes Dickblattgewächs mit immergrünen langen Trieben und fleischigen, blaugrauen, spitzen Blättern; mehrjährig.
Blüte: Juni bis August; attraktiv, goldgelb.
Standort: Warmer Platz; trockene, steinige oder sandige Böden sind ideal. Geeignet für Trockenmauern, Dachbegrünung, Steingärten, Kübel.
Pflege: Anspruchslos; lediglich Staunässe wird nicht vertragen.

Vermehrung: Triebspitzen abschneiden und in steinige Erde stecken.
Ernte: Die blaugrünen Triebspitzen bzw. Blätter können ganzjährig geerntet werden.
Verwendung: Frische Triebe schmecken erfrischend säuerlich. Sie würzen (sparsam dosieren!) Rohkost-Salate, Remouladensoße, Kräutersuppen, -butter und -quark. Als Heilpflanze: Das sukkulente Kraut enthält Schleim- und Gerbstoffe und gilt als blutdrucksenkend.

Griechischer Bergtee
Sideritis syriaca

Aussehen: Buschiger Wuchs; mit grau behaarten Blättern.
Blüte: Juli bis August; attraktive gelbe Blütenkerzen.
Standort: In gut durchlässigem, sand- und kalkhaltigem Boden. Optimal ist ein Platz im Steingarten oder in der Trockenmauer.
Pflege: Nicht düngen und nur sparsam gießen; Winterschutz notwendig; vor Winternässe schützen; ansonsten pflegeleicht.

Vermehrung: Wurzelstockteilung der Pflanze im Frühjahr oder durch Stecklinge Ende Juli/August.
Ernte: Blätter und Blütenkerzen.
Verwendung: Aromatisch zimtartig schmeckendes Teekraut (Blüten und Blätter 5 bis 10 Minuten aufkochen). Als Heilpflanze: Wirkt entzündungshemmend und stärkt das Immunsystem. Tee mit etwas Zitronensaft und Thymianhonig hilft bei Erkältung.

Paraguay-Süßkraut
Stevia rebaudiana

Aussehen: Aufrechter, buschiger Wuchs; mit leicht eiförmigen, grünen Blättern.
Blüte: Juli bis August; unscheinbar, weiß.
Standort: Sandige, humose Erde; unbedingt im Kübel halten, da nicht winterhart.
Pflege: Damit das Kraut schön kompakt wächst, während des Wachstums regelmäßig gießen und düngen; nach der Blüte im Herbst nahezu trocken, bei etwa 12 °C überwintern (oberirdische Pflanzenteile sterben ab).

Vermehrung: Aussaat im Frühjahr, Wurzelstockteilung oder Stecklinge.
Ernte: Frische Blätter und Triebspitzen nach Bedarf und zum Trocknen.
Verwendung: Frische und getrocknete Blätter zum Süßen verwenden. Doch Vorsicht bei der Dosierung, die Süßkraft ist enorm! Süßkraut besitzt blutdruck- und blutzuckersenkende Eigenschaften; ist vitamin- und mineralstoffhaltig und süßt so stark wie Zucker (völlig ohne Kalorien).

Gewürz-Tagetes, Schmalblättrige Studentenblume *Tagetes tenuifolia*

Aussehen: Kompakt wachsend; mit dunkelgrünen, nach Zitrone oder Orange duftenden, fein gefiederten Blättern; einjährig.
Blüte: Juni bis Oktober; klein, robust und sehr farbintensiv; blühen unermüdlich bis zum Herbst in Gelb oder Orange (je nach Sorte).
Standort: Im Beet und Topf; bevorzugt nährstoffreichen, leicht sandigen und nicht zu trockenen Boden. Besonders hübsch im Kübel und Kasten. Nicht zu eng pflanzen,

sonst bleiben die Pflanzen eher klein.
Pflege: Regelmäßig gießen und düngen; auf Nacktschnecken achten.
Vermehrung: Aussaat Mitte Februar bis März unter Glas; Pflanzzeit im Mai.
Ernte: Frische Blätter und Blüten laufend.
Verwendung: Küchenkraut für Salate, Suppen und zum Aromatisieren wie Dekorieren (Blütenblätter) von Bowle oder Essig.
Sorten: 'Lemon Gem' (Zitronenduft), 'Orange Gem' (Orangenduft).

Balsamkraut, Marienblatt
Tanacetum balsamita

Aussehen: Lockerer, buschiger Wuchs; mit stark verzweigten, flaumigen Stängeln; mehrjährig. Beim Zerreiben der eiförmigen Blätter breitet sich ein intensiver Duft aus.
Blüte: Juli bis August; weißgelbe Körbchenblüten.
Standort: Bevorzugt wird ein sonniger Platz in gut durchlässigem Boden.
Pflege: Regelmäßig gießen (Erde darf nicht austrocknen) und düngen. Wird gerne von Schnecken heimgesucht.

Vermehrung: Aussaat im Frühjahr, Stecklinge im Sommer, Wurzelstockteilung im Herbst.
Ernte: Blätter vor und nach der Blüte, Blüten laufend.
Verwendung: In der Küche zum Würzen von Salaten, Soßen und Geflügel; da sehr intensiv, nur sparsam dosieren. Passt gut in Duftpotpourris. Als Heilpflanze: Balsamkraut enthält Bitter- und Gerbstoffe sowie die ätherischen Öle Kampfer und Thujon. Tee wirkt verdauungsfördernd.

Große Kapuzinerkresse
Tropaeolum majus

Aussehen: Buschig; je nach Sorte aufrecht, kriechend oder kletternd; mit schildförmigen, fleischigen Blättern; einjährig.
Blüte: Juli bis Oktober; bezaubernd in Cremeweiß, Gelb, Orange oder Rot.
Standort: Sonnig bis halbschattig und windgeschützt; gut durchlässige, humusreiche Erde. Als Unterpflanzung im Beet, Topf, Kasten oder in der Hängeampel.
Pflege: Regelmäßig gießen; wenig düngen. Bei Blattlausbefall am besten rigoros zurückschneiden.

Vermehrung: Durch Aussaat ab März unter Glas oder Mitte Mai direkt ins Freie.
Ernte: Blüten und Blätter unmittelbar vor Gebrauch ernten.
Verwendung: Nur frisch verzehren! Ideal als Zugabe zu Gemüse, Quarkspeisen und Salaten; sparsam und klein geschnitten verwenden; besitzt entzündungshemmende Eigenschaften und ist reich an Vitamin C sowie Senfölglykosiden.
Weitere Art: Kleine Kapuzinerkresse *(Tropaeolum minus)*.

Zimmerknoblauch, Knoblauchs-Kaplilie
Tulbaghia violacea

Aussehen: Das aufrecht wachsende und horstbildende, immergrüne Kraut treibt schmale, grasartige Blätter, die intensiv nach Knoblauch riechen.
Blüte: Juli bis August; weiß oder rosa- bis lilafarben.
Standort: Durchlässiger, humusreicher Boden ist ideal. Am erfolgversprechendsten ist der Anbau im Topf. Den Winter über möglichst in einem hellen Zimmer bei 5 bis 22 °C platzieren.

Pflege: Im Sommer eher feucht halten und im Winter nur sparsam gießen; ansonsten pflegeleicht. Frostfrei überwintern.
Vermehrung: Aussaat im Frühling; Teilung der Pflanze im Herbst.
Ernte: Blätter und Blüten ganzjährig.
Verwendung: Wie Schnittknoblauch; schmeckt besonders lecker in Kräuterbutter, Quarkspeisen, Blatt-, Tomaten- und Wildkräutersalaten.
Sorte: 'Variegata' (mit weißbunten Blättern).

Duftveilchen
Viola odorata

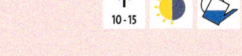

Aussehen: Diese mehrjährige, absolut winterharte Veilchenart bildet durch Ausläufer attraktive, grüne Blatteppiche (herzförmig gekerbt); beliebte Frühlingsboten.
Blüte: März bis Mai; bezaubernde und wohlduftende, violette Blüten.
Standort: Halbschattig unter Sträuchern und Gehölzen in feuchter, am besten magerer Erde; hübsch auch in Trögen und großen Kübeln.
Pflege: Anspruchslos.

Vermehrung: Aussaat in Saatkisten ab Januar (Kaltkeimer), Wurzelstockteilung im Herbst.
Ernte: Blüten, junge Blätter und Triebe zur Blütezeit oder unmittelbar davor.
Verwendung: Blüten als essbare Dekoration für Desserts, Salate, zum Kandieren oder Herstellen von Sirup. Als Heilpflanze: Eine Auflage mit zerquetschten Blättern hilft bei Hautentzündungen.

Thymian

Echter Thymian, Quendel
Thymus vulgaris

Aussehen: Wächst ausdauernd, buschig und verholzt mit der Zeit. Die Blätter sind wie die Blüten sehr klein, immergrün und paarweise angeordnet.

Blüte: Juni bis September; rosa, purpurfarben oder weiß.

Standort: In gut durchlässiger Erde. Fühlt sich auch im Steingarten, in Mauerfugen oder im Topf wohl.

Pflege: Sparsam gießen und düngen; hin und wieder in Form schneiden. In rauen Lagen vor Wintereinbruch mit Erde anhäufeln oder mit Reisig abdecken.

Vermehrung: Aussaat im Frühjahr, Stecklinge im Frühsommer.

Ernte: Blätter und Triebspitzen laufend; zum Trocknen bei Blühbeginn, dazu eine Handbreit über dem Boden abschneiden.

Verwendung: Würzkraut – frisch oder getrocknet – für Fleischgerichte, Bratkartoffeln, Pizza, deftige Suppen, Kräuteressige und -Öle. Als Heilpflanze: Hilfreich bei Husten und anderen Erkältungskrankheiten sowie Bronchitis.

20-30

Die Magie, die Kräuterduft in lauen Sommernächten auf unsere Seele ausübt, ist ernorm. Schon der Gedanke an die flirrende Hitze und die stark gewürzte Luft lässt ein Wohlgefühl in uns aufsteigen. Mit zu diesen „mediterranen Nasenschmeichlern" gehört neben Rosmarin, Oregano, Majoran und Lavendel vor allem Thymian. Zum einen ist es sein würziges Aroma, das ihn so einzigartig macht, und zum anderen seine enorme Arten- und Sortenvielfalt. Darunter gibt es natürlich auch zahlreiche Zierformen mit besonders reizvollen Blättern wie 'Argenteus' oder 'Silver Posie', die beide durch silberrandige, kleine Blätter für Aufsehen sorgen. Sehr gefragt sind auch Arten mit Zitrusdüften, z. B. *Thymus vulgaris* ssp. *fragrantissimus*, dessen nadelartige Blätter an Sonnentagen ein intensives Orangenaroma aussenden. Ebenso auffallend: Goldteppich-Zitronen-Thymian (*Thymus* x *citriodorus* 'Anderson').

Für Feinschmecker unverzichtbar

Thymian hat nicht nur die Herzen der Duftliebhaber erobert, sondern längst auch seinen festen Platz im Küchenalltag gefunden. Nicht umsonst zählt er zu den wichtigsten Würzkräutern. In Kombination mit Knoblauch verleiht es besonders Fleischgerichten eine einmalige Note und macht es bekömmlicher. Und: Das typische Aroma geht auch durch starkes Erhitzen oder langes Mitkochen nicht verloren!

◀ Zitronen-Thymian
Thymus × citriodorus

Besonderheit: Stark nach Zitrone duftende Blätter; niedriger Wuchs; nicht verholzend; hellrosa bis lilafarbene Blätter; schön im Steingarten; nicht voll frosthart.

Teppich-Thymian ▶
Thymus comosus 'Doone Valley'

Besonderheit: Nur 5 bis 10 cm hoch, polsterbildend, für Steingärten und zur Begrünung von Mauerritzen; gelbbunte Blätter.

◀ Kümmel-Thymian
Thymus herba-barona

Besonderheit: Winzig kleine Blättchen mit unverkennbarem Kümmel-Aroma; kriechender Wuchs, mattenbildend; dunkelrosa Blüten.

Kaskaden-Thymian ▶
Thymus longicaulis ssp. *odoratus*

Besonderheit: Bildet Ranken, eignet sich bestens zur Ampelbepflanzung und für Trockenmauern; rosa Blüten; aromatische Blätter.

◀ Quendel
Thymus pulegioides

Besonderheit: Mehrjährige, alte Heilpflanze (Hustenmittel); sehr würzig; reich blühend; mehrjähriger Wuchs; ausgezeichnete Bienenweide.

Zitronen-Sandthymian ▶
Thymus serpyllum 'Lemon Curd'

Besonderheit: Blätter haben gutes Zitronenaroma; flach wachsender, mattenbildender Bodendecker; kräftig violette Blüten.

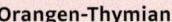

◀ Kugel-Thymian 'Fredo'
Thymus vulgaris 'Fredo'

Besonderheit: Verfügt über hervorragende Würzeigenschaften; wichtig für ihre Ausprägung ist ein sonniger Standort, im Beet, Kübel oder Kasten.

Orangen-Thymian ▶
Thymus vulgaris 'Orange Spice'

Besonderheit: Polsterförmiger Wuchs mit schmalen, feinen und silberfarbenen Blättern; wunderbares Orangenaroma; rosa Blüten.

Heilkraft aus dem Garten

Immer mehr Menschen entdecken Heilkräuter wieder für sich. Viele dieser Pflanzen helfen auf ganz wunderbare, oft sanfte Weise gesund zu bleiben oder Alltagsbeschwerden wieder in den Griff zu bekommen. Allerdings ist es nicht ratsam, sich ohne Grundkenntnisse selbst kurieren zu wollen. Im akuten Fall sollten Sie zunächst einmal einen erfahrenen Pflanzenheilkundigen zu Rate ziehen. Wenn Sie Ihr Pflanzenwissen ausweiten wollen, ist es empfehlenswert, in einer Heilpflanzenschule entsprechende Kurse zu belegen.

Gewöhnliche Schafgarbe
Achillea millefolium

Aussehen: Ausdauernd wachsend, mit kriechendem Wurzelstock; bildet eine Blattrosette mit bis zu 80 cm hohen Stängeln, an deren Ende sich Blütendolden bilden. Die Blätter sind grün, lanzettlich, fein gefiedert und duften würzig.
Blüte: Mai bis Oktober; cremeweiß, mit einem Hauch Rosa.
Standort: Wächst in nahezu jedem Boden, liebt es trocken.
Pflege: Breitet sich stark aus, deshalb rechtzeitig eingreifen, ansonsten anspruchslos. Schädlingskontrollen durchführen.
Vermehrung: Aussaat im Frühjahr, Wurzelstockteilung im Herbst.
Ernte: Junge Blätter ab dem Frühling laufend; Blüten.
Verwendung: Tee wird bei Erkältungskrankheiten empfohlen. Kraut und Blüten für Kräuterkissen. In der Küche: Zarte, frische Blätter würzen Salate, Suppen, Soßen und Quarkspeisen.

Kleiner Odermennig
Agrimonia eupatoria

Aussehen: Aufrecht, bis 60 cm hoch wachsende zweijährige Heilpflanze mit behaarten Stängeln und gezähnten Blättern. Die Pflanze verströmt einen zarten Fruchtduft.
Blüte: Juni bis August; gelbe ährenartige, lange Blütenstiele.
Standort: Kommt gut in kargem, gut durchlässigem und trockenem Boden zurecht.
Pflege: Gelegentlich gießen und sparsam düngen; ansonsten anspruchslos.
Vermehrung: Aussaat im Frühjahr, Wurzelstockteilung im Herbst.
Ernte: Blühende Sprossspitzen, Blätter; Wurzeln im Herbst.
Verwendung: Das Heilkraut wirkt zusammenziehend, entzündungshemmend und wundheilend bei Entzündungen, Verbrennungen und Insektenstichen. Die wichtigsten Inhaltsstoffe sind Flavonoide, ätherische Öle, Kieselsäure, Bitter- und Gerbstoffe.

Gewöhnlicher Frauenmantel, Gelbgrüner Frauenmantel
Alchemilla xanthochlora (syn. Alchemilla vulgaris)

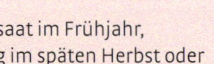

Aussehen: Winterharte Heilpflanze, wächst aufrecht, horstbildend. Die Blätter sind rundlich bis nierenförmig, 9- bis 11-fach gelappt und ringsum gezähnt.
Blüte: Mai bis August; klein, grüngelb.
Standort: Humose, feuchte, jedoch durchlässige Erde; wächst auch wild an Rainen und Hängen.
Pflege: Regelmäßig gießen; Beet unkrautfrei halten; Rückschnitt nach der Blüte; ansonsten anspruchslos.
Vermehrung: Aussaat im Frühjahr, Wurzelstockteilung im späten Herbst oder zeitigen Frühjahr.
Ernte: Blätter ab Mai, blühendes Kraut.
Verwendung: Tee hilft bei Wechseljahres- sowie Magen- und Darmbeschwerden; man kann damit auch eitrige Wunden auswaschen. In der Küche: Frische, junge Blätter an Salate geben.
Weitere Art: Alpen-Frauenmantel (*Alchemilla alpina*).

Echte Aloe
Aloe vera

Aussehen: Frostempfindliche Pflanze mit blaugrünen, dickfleischigen Blättern, die am Rand bedornt sind.
Blüte: Juli bis August; gelb.
Standort: Warm in gut durchlässiger, mit Sand versetzter Kübelpflanzenerde.
Pflege: Ein bis zwei Mal jährlich düngen; wenig gießen. Da nicht winterhart, Aloe hell, bei 5–10 °C oder im beheizten Zimmer überwintern; Trockenheit wird gut vertragen, Nässe weniger.

Vermehrung: Aussaat im Frühjahr; Ableger (Seitensprosse).
Ernte: Blätter oder Blattstücke bei Bedarf ganzjährig.
Verwendung: Bewährte Heilpflanze bei Herpes, leichten Verbrennungen, Sonnenbrand, Insektenstichen und Ekzemen. Dazu Blätter aufschneiden und den frisch austretenden Saft auftragen.
Aloe ist reich an Enzymen, Mineralstoffen und Aminosäuren.

Echter Eibisch
Althaea officinalis

Aussehen: Aufrechter, buschiger Wuchs; Stängel sind leicht behaart und die Blätter 3- bis 5-lappig. In den Blattachseln bilden sich im Sommer büschelige und trichterförmige, malvenartige Blüten. Mehrjährig.
Blüte: Juni bis August; weiß, rosa bis hellviolett, Blütenkelche bis 9 cm lang.
Standort: Nährstoffreiche, feuchte und tiefgründige Erde; Pflanzen lassen sich gut in großen Kübeln heranziehen.

Pflege: Regelmäßig gießen.
Vermehrung: Aussaat im Frühjahr unter Glas; Wurzelstockteilung im Herbst.
Ernte: Blätter kurz vor der Blüte; Blüten laufend; Wurzeln im Herbst.
Verwendung: Bewährte Heilpflanze bei Erkältungskrankheiten. Eibisch-Tee wird bei Entzündungen der Blase sowie im Mund- und Rachenraum empfohlen.
Sorte: Kleiner Eibisch 'Romney Marsh'.

Echte Engelwurz
Angelica archangelica

Aussehen: Winterharte Staude mit hohlen, dicken, gerillten Stängeln und hellgrünen, fiederteiligen Blättern.
Blüte: Juni bis August; grünlich weiße, halbkugelige, duftende Doldenblüten.
Standort: Windgeschützt; ideal ist ein gut gedüngter, sandig-humoser und tiefgründiger Boden.
Pflege: Engelwurz liebt es feucht, daher bei Trockenheit regelmäßig gießen und düngen.
Vermehrung: Aussaat im Herbst.

Ernte: Frische Triebe und Blätter ab Ende Mai/Juni; Wurzeln ab Herbst des zweiten Standjahres.
Verwendung: Tee aus getrockneten Wurzeln wirkt magenstärkend und blutreinigend; Hauptinhaltsstoffe sind ätherische Öle und Bitterstoffe; die Wurzel wird zum Ansetzen von Magenbitter verwendet.
In der Küche: Junge Engelwurzblätter und -stiele würzen Suppen, Soßen, Mayonnaise und Salate.

Garten-Ringelblume
Calendula officinalis

Aussehen: Aufrechter Wuchs mit verzweigten Stängeln, behaarten Blättern; ein- oder zweijährig wachsend.
Blüte: Juni bis Oktober; große Blütenköpfe in leuchtendem Gelb oder Orange.
Standort: Liebt sonnige Plätze im Beet, Kübel oder Kasten; in gut durchlässiger Erde.
Pflege: Regelmäßig gießen; mäßig düngen. Verblühtes entfernen für lange Blütezeit.
Vermehrung: Aussaat durch Vorkultur oder direkt ins Beet.

Ernte: Blütenköpfe, Zungenblüten sowie junge Blätter.
Verwendung: In den Blüten enthaltene Stoffe wirken entzündungshemmend, wundheilend (insbesondere Ringelblumenbalsam bzw. -salbe) und als Blütentee entgiftend; auch für Kräuterkissen, -sträuße und Blütenpotpourris. In der Küche: Zum Färben von Butter oder Käse geeignet.
Hinweis: Es gibt Sorten mit einfachen oder gefüllten Blüten.

Balsamstrauch
Cedronella canariensis

Aussehen: Mehrjährig und aufrecht wachsender Halbstrauch, mit dreiteiligen, gesägten Blättern, die erfrischend nach Zitrone duften.
Blüte: Juli bis August; rosa.
Standort: Durchlässige, sandige Kübelpflanzenerde; am besten in einen großen Topf oder an einen geschützten Platz im Beet setzen.
Pflege: Regelmäßig gießen (Staunässe vermeiden) und düngen. Überwinterung hell, nicht unter 5 °C; im Freien nur in milden Lagen möglich, Winterschutz notwendig. Rückschnitt im Frühjahr.
Vermehrung: Stecklinge im Frühjahr.
Ernte: Blätter vor dem Aufblühen und Blüten.
Verwendung: Frisch oder getrocknet; aromatische Pflanze für Kräuterteemischungen (wirkt kreislaufanregend). Zugabe für Duftkissen, -potpourris, Sträuße und Kränze.
Hinweis: Schmetterlings- und Bienenweide.
Sorte: Anis-Balsamstrauch 'Anisatus'.

Tausendgüldenkraut
Centaurium erythraea

Aussehen: Das ein- bis zweijährig wachsende Enziangewächs wird bis zu 50 cm hoch. Im ersten Jahr nach der Aussaat bildet sich eine Blattrosette und im zweiten Jahr ein am oberen Teil verzweigter, hohler Stängel mit Blütendolden.
Blüte: Juli bis September; rosarot.
Standort: Am besten in gut durchlässige bis humose Erde pflanzen.
Pflege: Regelmäßig gießen und gelegentlich düngen.
Vermehrung: Aussaat im zeitigen Frühjahr unter Glas oder ab Ende April direkt ins Beet.
Ernte: Sprossspitzen zur Blütezeit; über der Grundrosette abschneiden und trocknen.
Verwendung: Das Wildkraut zählt zu den Bitterstoffdrogen, kurbelt die Verdauung an und wirkt appetitanregend. Tausendgüldenkraut-Tee gilt als nervenstärkend und besitzt fiebersenkende Eigenschaften.

Römische Kamille (Bild: 'Plenum')
Chamaemelum nobile (syn. *Anthemis nobilis*)

Aussehen: Teppichartig wachsende, mehrjährige Pflanze mit grünen gefiederten Blättern; körbchenartige, weiße Blüten mit gelber Mitte; Blüten und Blätter duften herrlich.
Blütezeit: Juni bis September; weiß.
Standort: In durchlässiger, lockerer und nährstoffreicher Erde.
Pflege: Sparsam gießen und düngen; gleichmäßiger Rückschnitt nach der Blüte; allerdings nicht zu nah am Boden abschneiden, sonst drohen Trockenschäden.
Vermehrung: Aussaat unter Glas im zeitigen Frühjahr; Teilung der Pflanze im Frühjahr oder Herbst.
Ernte: Blüten und Blätter.
Verwendung: Entzündungshemmend, antibakteriell und nervenberuhigend. Kompressen fördern die Wundheilung. Gut für Kräuterkissen und Duftpotpourris. Beliebte Bienenweide
Sorte: 'Treneague'; blütenlos, trittfest, als Duftrasen geeignet.

Benediktenkraut, Bitterdistel
Cnicus benedictus

Aussehen: Einjähriges, distelartiges Heilkraut mit wolligen und bewehrten Blüten, einer Pfahlwurzel und behaarten Stängeln. Die Blätter werden bis zu 30 cm lang, sind gräulich und stachelig.
Blüte: Juni bis August; blassgelb.
Standort: Die Erde sollte tiefgründig, trocken, kalk- und etwas sandhaltig sein.
Pflege: Absolut pflegeleicht. Wenig gießen und düngen.
Vermehrung: Aussaat direkt ins Beet.
Ernte: Blätter, Sprossspitzen sowie Blüten, während der Blütezeit sammeln; am besten trocknen.
Verwendung: Tee (auch wenn er sehr bitter schmeckt, nicht süßen!), Likör oder Tonikum kurbeln die Verdauung an und wirken appetitanregend. Eine Kompresse (dazu in Tee tauchen) unterstützt die Wundheilung. Benediktenkraut weder bei Magen- oder Darmgeschwüren noch während der Schwangerschaft und Stillzeit einnehmen!

Roter Sonnenhut, Purpurfarbener Igelkopf
Echinacea purpurea

60-100 | VII/IX

Aussehen: Aufrecht wachsend; mehrjährig; verzweigter Stängel; länglich ovale Blätter.
Blüte: Juli bis September; purpurrote große Blütenköpfe.
Standort: Gedeiht am besten in humusreichem, gut gedüngtem, durchlässigem und feuchtem Boden.
Pflege: Beet unkrautfrei halten und gelegentlich düngen. Verblühtes regelmäßig zurückschneiden, dann blüht die Pflanze ein weiteres Mal.

Vermehrung: Aussaat im April/Mai ins Freiland; Wurzelstockteilung im Frühjahr und Herbst.
Ernte: Blütenblätter; Wurzeln im Herbst ernten, reinigen und trocknen.
Verwendung: Stärkt die Abwehrkräfte bei Erkältungskrankheiten, Entzündungen und Virusinfektionen. Kompressen mit einem Pflanzenbrei (zerstoßene Blätter und Wurzeln) fördern die Heilung eitriger Wunden. In der Küche: Blütenblätter für Salate und Getränke nutzen.

Echtes Mädesüß
Filipendula ulmaria

50-150 | VI/IX

Aussehen: Aufrecht und buschig wachsende mehrjährige Pflanze. Die Blätter sind dunkelgrün, gefiedert und haben dekorative Blattadern. Auffallend sind die rötlichen Blütenstängel, die sich im oberen Teil verzweigen und dichte Trugdolden hervorbringen.
Blüte: Juni bis September; zart, cremeweiß, nach Honig duftend.
Standort: Windgeschützt; in feuchtem, lehmigem Boden.

Pflege: Rückschnitt nach der Blüte, ansonsten anspruchslos.
Vermehrung: Aussaat im Frühjahr, Stecklinge im Sommer, Wurzelstockteilung im Herbst.
Ernte: Junge Blätter und Blüten ab Ende April; Wurzeln im Herbst.
Verwendung: Tee wirkt antirheumatisch und entzündungshemmend. Blätter und Blüten in Maßen für Salate und Suppen sowie zum Ansetzen von Heilwein und Sirup.

Gewürz-Fenchel
Foeniculum vulgare subsp. *vulgare* var. *dulce*

80-200 | V/X

Aussehen: Aufrechte, breite Wuchsform mit fein gefiederten aromatischen Blättern und ausladenden Blütendolden, in denen sich bis zum Herbst Samen bilden.
Blüte: Juli bis September; gelbgrün.
Standort: Ideal ist ein sonniger Platz in kalkhaltigem, durchlässigem Boden.
Pflege: Gleichmäßig gießen, hin und wieder düngen; die zweijährige Pflanze benötig in rauen Lagen Winterschutz.
Vermehrung: Freilandaussaat im Früh-

jahr, Wurzelstockteilung im Herbst.
Ernte: Frische Blätter ab Ende Mai; Blütendolden zur Dekoration und zum Einlegen von Kräuteressig; Samen im Herbst.
Verwendung: Fenchel wirkt appetitanregend und verdauungsfördernd. In der Küche: Frisches Fenchelkraut würzt Suppen, Soßen, Salate, Gemüse und Kräuterbutter; Samen wird für Tee verarbeitet und passt zu Fisch und Fleisch.
Sorte: Bronze-Fenchel 'Purpurascens'

Gundermann, Gundelrebe
Glechoma hederacea

10-25 | III/V

Aussehen: Mehrjähriges, wintergrünes Lippenblütengewächs mit kleinen, nierenförmig gekerbten Blättern; wächst kriechend, wird nicht höher als 15 cm, Blütentriebe bis 25 cm.
Blüte: März bis Juni; blauviolett.
Standort: In durchlässiger, magerer Erde; kommt gut mit Feuchtigkeit zurecht; steht gerne im lichten Schatten von Sträuchern.
Pflege: Regelmäßig gießen, nur wenig düngen; ansonsten pflegeleicht.

Vermehrung: Aussaat im Herbst.
Ernte: Junge Blätter, Triebe und Blüten.
Verwendung: Gundermann-Tee gilt als hilfreich bei Erkältungskrankheiten. Immer nur wenige Blätter und nicht täglich verwenden. In der Küche: Leckeres Wildkraut für Salate, Suppen, Pesto, Kräuterbutter und -quark. Aromatisiert Bowlen, Apfel- und Johannisbeergelee.
Sorte: 'Variegata' (weiß panaschierte Blätter).

Spanisches Süßholz, Lakritze
Glycyrrhiza glabra

    bis 120 | IX XII

Aussehen: Staude mit attraktiven Blüten und gefiederten Blättern.
Blüte: Juni bis September; violettblau bis hellviolett.
Standort: In lockerer, tiefgründiger Erde.
Pflege: Regelmäßig düngen; die Erde stets gleichmäßig feucht halten.
Vermehrung: Wurzelstockteilung im Frühjahr oder Herbst.
Ernte: Ab Herbst, Wurzeln von mindestens drei bis vier Jahre alten Pflanzen.

Verwendung: Getrocknetes Süßholz als Tinktur gilt als hilfreich bei Verdauungsbeschwerden, entzündungshemmend bei Arthritis und schleimlösend bei Husten. Auch wenn getrocknete Süßholzwurzeln eine enorme Süßkraft haben, kann man sie nicht uneingeschränkt empfehlen; Menschen, die Bluthochdruck oder Leberprobleme haben, sollten sie nicht verwenden.
Hinweis: Begehrte Schmetterlingspflanze.

Hopfen
Humulus lupulus

     bis 600 | IV-V Knospen Blätter | VIII-IX Zapfen

Aussehen: Die mehrjährig wachsenden Hopfenpflanzen bilden meterlange, schlingende Triebe; eine Kletterhilfe ist zwingend erforderlich. Die rauen Blätter sind 3- bis 5-lappig und am Rand gezähnt.
Blüte: Von Juli bis September bilden sich gelbgrüne Blüten: männliche sind rispen-, weibliche zapfenförmig.
Standort: Sonniger Platz in feuchter, lehmiger sowie nährstoffreicher Erde.

Pflege: Regelmäßig kräftig gießen und düngen.
Vermehrung: Stecklinge im Frühjahr.
Ernte: Hopfenzapfen (weibliche Blüten), junge Blätter und Sprossspitzen.
Verwendung: Bei Appetitlosigkeit. Ein Tee aus Zapfen und Blättern hilft bei Schlafstörungen und Nervosität, am besten in Kombination mit Baldrian; auch gut in Kräuterkissen. In der Küche: Junge Knospen und Blätter als Gemüse.

Tüpfel-Johanniskraut
Hypericum perforatum

    40-100 | VI VII

Aussehen: Reich verzweigt, aufrecht wachsend, horstbildend; mehrjährig. Die länglichen Blätter sind bläulich grün.
Blüte: Juni und Juli; sonnengelb.
Standort: In durchlässigem, eher trockenem Boden.
Pflege: Rückschnitt im Herbst und vor Wintereinbruch; reifen Kompost im Wurzelbereich ausbringen.
Vermehrung: Aussaat im Frühjahr (unter Glas/Frühbeet), Stecklinge vor der Blüte.

Ernte: Blühende Sprossspitzen (die gelben Blüten verfärben sich beim Zerquetschen blutrot).
Verwendung: Johanniskraut-Öl wirkt entzündungshemmend, bei Muskelschmerzen und beugt Schwangerschaftsstreifen vor. Johanniskraut-Tee oder -Tinktur hilft bei Schlafproblemen sowie bei depressiven Verstimmungen. Dank enthaltener Phytohormone wirkt das Kraut auch stabilisierend und beruhigend.

Ysop
Hyssopus officinalis

    30-60 | V IX

Aussehen: Aufrecht wachsender, buschiger, von unten her verholzender Strauch mit schmalen, dunkelgrünen Blättern.
Blüte: Juni bis September; blau oder violettblau, in Scheinähren.
Standort: In gut durchlässigem, humosem und leicht kalkhaltigem Boden. Ysop eignet sich auch zur Beeteinfassung.
Pflege: Im Frühjahr mit feinkrümeliger Komposterde versorgen. Damit die Pflanze nicht verkahlt, im Herbst kräftig zurückschneiden.

Vermehrung: Aussaat im Frühjahr; Stecklinge im Sommer.
Ernte: Junge Triebe und Blätter bis zur Blüte.
Verwendung: Enthält ätherische Öle, Gerb- und Bitterstoffe. Tee wird bei Magen- und Darmbeschwerden sowie zum Gurgeln bei Halsweh empfohlen. In der Küche: Sparsam zum Würzen von Fleisch, Fisch, Eintöpfen, Salaten und Bohnengerichten verwenden.
Weitere Art: Begrannter Ysop *(Hyssopus aristatus)*, für Duftpotpourris; schön als Einfassungspflanzen.

Weiße Taubnessel
Lamium album

     IV / IX

Aussehen: Leicht buschiger Wuchs, mit vierkantigem Stängel und brennnessel-ähnlichen Blättern, jedoch ohne Brenn-haare. Diese mehrjährige Nesselart breitet sich durch Rhizome sehr stark aus.
Blüte: April bis Oktober; weiß.
Standort: Bevorzugt nährstoffreiche, durchlässige Böden. Gedeiht auch prima unter Hecken, Bäumen und lichtdurch-lässigen Sträuchern.
Pflege: Die Wildstaude ist pflegeleicht.

Vermehrung: Teilung der Pflanze im Herbst oder zeitigen Frühjahr.
Ernte: Junge Blätter, Triebspitzen und Blüten.
Verwendung: Die nach Honig duftenden Blüten sowie die Blätter gelten als Heil-mittel bei Verdauungsbeschwerden, Magenproblemen sowie Frauenleiden und wirken leicht harntreibend. In der Küche: Junge Blätter und Blüten schmecken gut in Salaten.

Rosen-Malve
Malva alcea

      V / IX

Aussehen: Aufrechter, reich verzweigter Wuchs; mehrjährig; fächerförmig, gelappte Blätter.
Blüte: Juni bis Oktober; rosaviolett.
Standort: In nährstoffreichem, kalkhal-tigem und gut durchlässigem Boden.
Pflege: Regelmäßig gießen und düngen. Rückschnitt nach der Blüte, regt zur Nach-blüte an.
Vermehrung: Aussaat im Frühjahr; Steck-linge vor der Blüte; samt sich selbst aus.

Ernte: Junge Blätter im Frühjahr, blü-hendes Kraut ab Frühsommer, Wurzeln im zweiten Jahr.
Verwendung: Hauptinhaltsstoffe sind Schleimstoffe, Flavonoide und Gerbstoffe. Malvenblättertee hat sich bestens bei Husten und Halsbeschwerden sowie bei Verdauungsproblemen bewährt. In der Küche: Junge Blätter unter Salate mischen.
Weitere Arten: Wilde Malve *(Malva syl-vestris)*; Moschus-Malve *(Malva moschata).*

Gewöhnlicher Andorn
Marrubium vulgare

    VI / VIII

Aussehen: Ausdauernd und buschig wach-sende Staude mit vierkantigen Stängeln. Blätter wie Stängel sind behaart; in runden Scheinquirlen bilden sich ab dem zweiten Jahr Lippenblüten in den Blattachseln.
Blüte: Juni bis September; weiß.
Standort: Bevorzugt in magerem, gut durchlässigem Boden.
Pflege: Gelegentlich etwas gießen und wenig düngen; ansonsten recht anspruchs-los.

Vermehrung: Aussaat (lange Keimung!) oder Wurzelstockteilung im Frühjahr.
Ernte: Blätter und Blütenstängel (sehr bitter!).
Verwendung: Frisch oder getrocknet; gilt als entzündungshemmend und schleimlösend bei Erkältungskrankheiten. In der Küche: Zwei bis drei Blättchen des aromatischen Krautes können auch einem Kräuterlikör oder Kräuterschnaps bei-gegeben werden.

Echte Kamille
Matricaria recutita

    V / VIII

Aussehen: Aufrecht, locker wachsende einjährige Pflanze mit reich verzweigten Stängeln und gefiederten Blättern. Das Heilkraut ist am hohlen Blütenboden (innen gelbe Röhrenblüten, umgeben von weißen Zungenblüten) zu erkennen und verströmt einen intensiven Duft.
Blüte: Mai bis September; gelbweiß.
Standort: Vollsonnig; in lehmreichem, mäßig trockenem Boden.
Pflege: Hin und wieder gießen, ansonsten anspruchslos.

Vermehrung: Aussaat im Frühjahr direkt ins Beet oder in den Topf; versamt sich auch von selbst.
Ernte: Blütenköpfchen während der Blüte-zeit und bei Sonnenschein laufend.
Verwendung: Heil- und Teekraut (frisch oder getrocknet) mit entzündungshem-menden, beruhigenden und wundheilen-den Eigenschaften, wird bei Erkältungs-krankheiten zum Inhalieren oder als Badezusatz empfohlen. Kamillenöl wirkt pflegend bei rauer Haut.

Gewöhnliche Nachtkerze
Oenothera biennis

Aussehen: Aufrecht wachsende, zweijährige Heilpflanze mit dicker Pfahlwurzel.
Blüte: Juni bis September (meist erst im Jahr nach der Aussaat); große, duftende und leuchtend gelbe Blüten, die sich bei bedecktem Himmel öffnen.
Standort: In nährstoffarmem Boden.
Pflege: Sparsam gießen und düngen, ansonsten anspruchslos.
Vermehrung: Aussaat an Ort und Stelle; versamt sich auch selbst.

Ernte: Blüten, Blätter, Wurzeln und Samen.
Verwendung: Nachtkerzenöl (aus Samen) enthält ungesättigte Fettsäuren, regt den Stoffwechsel an und wird bei Hautkrankheiten (z. B. Neurodermitis) empfohlen; Tee (Samen) bei Husten und anderen Erkältungskrankheiten.
In der Küche: Frische Wurzeln als Gemüse und Blätter ähnlich wie Spinat zubereiten.
Weitere Art: Duft-Nachtkerze *(Oenothera odorata)*.

Dornige Hauhechel, Stachelkraut
Ononis spinosa

Aussehen: Niedrig wachsender, winterkahler Halbstrauch mit langer Pfahlwurzel, stacheligen, gefiederten Blättern und hübschen Blüten, aus denen sich im Lauf des Sommers behaarte Samenhülsen entwickeln.
Blüte: Juni bis September; weiß bis rosarot.
Standort: Bevorzugt kalkhaltige, trockene und gut durchlässige, sandige Böden.
Pflege: Sparsam gießen und düngen; ansonsten anspruchslos.

Vermehrung: Aussaat im Frühjahr, Wurzelstockteilung im Herbst. Hauhechel vermehrt sich rasch und bildet tiefgreifende Wurzeln aus, die auch sehr lästig werden können.
Ernte: Wurzeln den Sommer über ernten, kleinschneiden und trocknen.
Verwendung: Bewährte Arzneipflanze; wirkt blutreinigend und harntreibend. Tee wird bei Gicht und Gelenkrheuma empfohlen.

Große Bibernelle
Pimpinella major

Aussehen: Krautig wachsendes, mehrjähriges Heilkraut mit gefiederten, länglichen, kurz gestielten Blättern und scharfkantigen Stängeln.
Blüte: Juni bis Oktober; weiße Doldenblüten.
Standort: In nährstoffreicher, humoser Erde.
Pflege: Regelmäßig gießen und düngen; ansonsten recht pflegeleicht.
Vermehrung: Aussaat im Frühjahr.
Ernte: Frische Blätter, Wurzeln.

Verwendung: Wurzeln und Rhizome sind reich an ätherischen Ölen; die Einnahme von Tinkturen oder Globuli wird bei Atemwegserkrankungen sowie Entzündungen im Rachenraum empfohlen. Frische Blätter lindern Sodbrennen und kurbeln die Verdauung an. In der Küche: Geschmack junger Blätter ähnelt Gurken; werden Salaten, Kräutersoßen und -quark beigegeben.
Weitere Art: Kleine Bibernelle *(Pimpinella saxifraga)*.

Spitz-Wegerich
Plantago lanceolata

Aussehen: Ausdauernd und wild auf Wiesen und an Wegrändern wachsend. Blätter nach oben hin lanzettlich zugespitzt.
Blüte: Mai bis September; weißgelb.
Standort: Bevorzugt trockene Plätze; gedeiht in normaler Gartenerde ebenso wie in kargem Boden oder zwischen Steinfugen.
Pflege: Bei anhaltender Trockenheit hin und wieder gießen.
Vermehrung: Aussaat im Frühjahr oder Sommer direkt ins Beet.

Ernte: Junge, saftige Blätter vorsichtig pflücken (Druckstellen verfärben sich bräunlich).
Verwendung: Reich an Kieselsäure, Schleim-, Bitter- und Gerbstoffen. Tee wird bei Husten, Verschleimung und Bronchitis empfohlen; Auflagen mit frischen Spitz-Wegerichblättern bei Insektenstichen, Wunden und Sonnenbrand. In der Küche: Junge, zarte Blätter zu Salaten und Suppen.
Weitere Art: Breit-Wegerich *(Plantago major)*.

Weinraute
Ruta graveolens

40-60 | VI VIII

Aussehen: Aufrecht und buschig wachsender Strauch mit attraktiven, blaugrün bereiften, gefiederten Blättern; herb duftend.
Blüte: Juni bis Juli; gelb.
Standort: In gut durchlässigem, sandhaltigem und etwas kalkhaltigem Boden. In rauen Lagen ist Winterschutz erforderlich.
Pflege: Regelmäßig gießen; nach der Blüte zurückschneiden (dazu unbedingt lange Handschuhe anziehen, da austretender Pflanzensaft heftige Hautreizungen auslösen kann!). Auf Mehltaubefall achten, bei Bedarf eingreifen.
Vermehrung: Aussaat oder Stecklinge im Frühjahr.
Ernte: Junge Blätter und Blüten.
Verwendung: Heil- und Würzkraut, nur in geringen Dosen (frisch oder getrocknet) nutzen, am besten nach Empfehlung eines erfahrenen Therapeuten. Blattstiele sind sehr attraktiv in Kräutersträußen und -potpourris.

Graues Heiligenkraut
Santolina chamaecyparissus

40-50 | VII IX

Aussehen: Buschig wachsender Halbstrauch mit filigranen, silbergrauen bis weißfilzigen, behaarten Blättern; herbaromatisches Duftkraut.
Blüte: Juli bis September; goldgelb.
Standort: Vollsonnig; in trockener, gerne auch steiniger, normaler Gartenerde; attraktive Beeteinfassungspflanze.
Pflege: Bei anhaltender Trockenheit wässern, sonst nur sparsam gießen; im Spätherbst Blütenstände entfernen; kräftiger Rückschnitt im Frühjahr; nicht ganz frosthart, daher Winterschutz in rauen Lagen ratsam.
Vermehrung: Stecklinge.
Ernte: Blätter und Blüten.
Verwendung: Blüten und Blätter für Tees (schmeckt sehr bitter!), wirkt entzündungshemmend und verdauungsfördernd. Erinnert geschmacklich etwas an Kamille. Als Motten- und Insektenschutz; beliebt in Kräutersträußen und Potpourris.

Hauswurz, Dachwurz
Sempervivum tectorum

10-15 | V X

Aussehen: Sukkulente Pflanze mit kissenförmigem Wuchs; mehrjährig; bildet Blattrosetten in verschiedenen Farbtönen. Nach der Blüte stirbt die Blattrosette, aus der die Blüte kam, ab; neue Rosetten bilden sich rasch.
Blüte: Juni bis August; rosa bis purpurrot, sternenförmig.
Standort: In nährstoffarmem, gut durchlässigem und trockenem Boden. Gedeiht gut in Töpfen, Trögen und Mauern.
Pflege: In schwere Böden Kies, Sand oder Splitt einarbeiten; Nässe wird nicht vertragen.
Vermehrung: Aussaat im Frühjahr oder Rosetten abtrennen (von Frühjahr bis Herbst) und einpflanzen.
Ernte: Blätter bei Bedarf.
Verwendung: Umschläge und Tinkturen von frisch gepresstem Saft lindern Schmerzen bei Sonnenbrand, Verbrennungen und Hühneraugen.

Echte Goldrute
Solidago virgaurea

50-100 | VII X

Aussehen: Buschig wachsendes, mehrjähriges Kraut mit aufrechten, nach oben hin verzweigten Stängeln und länglichen gestielten Blättern.
Blüte: August bis Oktober; goldgelb.
Standort: In lockerem, humosem Boden.
Pflege: Regelmäßig gießen.
Vermehrung: Aussaat, Wurzelstockteilung nach der Blüte.
Ernte: Sprossspitzen zu Beginn der Blütezeit; diese etwas zerkleinern und trocknen.
Verwendung: Bewährtes entzündungshemmendes Heilkraut bei Blasenentzündungen, Wasseransammlungen, Gicht und Rheuma. Zu den wichtigsten Inhaltsstoffen gehören ätherische Öle, Bitter- und Gerbstoffe, Saponine sowie Flavonoide. Die Einnahme erfolgt in Form von Tee oder homöopathischen Präparaten.
Weitere Art: Kanadische Goldrute (*Solidago canadensis* var. *canadensis*) wird als Zierpflanze genutzt.

Echter Ziest, Heil-Ziest
Stachys officinalis

40-70 · VI / IX

Aussehen: Stark wachsende, heimische Staude mit aufrechtem, horstbildendem Wuchs und länglichen, gezähnten Blättern.
Blüte: Juni bis September; purpurrosa.
Standort: In gut durchlässigem, gewöhnlichem Gartenboden; wild wachsend auf Wiesen und Weiden anzutreffen.
Pflege: Bei anhaltender Trockenheit gelegentlich etwas gießen und düngen; ansonsten anspruchslos.
Vermehrung: Aussaat im Frühjahr, Wurzelstockteilung nach der Blüte im Herbst.

Ernte: Makellose Blätter und blühende Spitzen zum Trocknen für Teezubereitungen.
Verwendung: Echter Ziest ist eine gefragte Heilpflanze. Tee gilt als hilfreich bei stressbedingten Kopfschmerzen und Migräne sowie Verdauungsstörungen; nervenstärkend; reich an Gerb- und Bitterstoffen.
Hinweis: Nektarpflanze für Bienen, Hummeln und Schmetterlinge.
Weitere Art: Woll-Ziest *(Stachys byzantina)* – Zierpflanze mit weichen, behaarten Blättern.

Gemeiner Beinwell
Symphytum officinale

30-100 · IV / X

Aussehen: Krautige, rhizombildende Pflanze mit aufrechten, behaarten Stängeln und langen Blättern; mehrjährig.
Blüte: Mai bis August; violett bis purpurfarben.
Standort: Feuchter, tiefgründiger, nährstoffreicher, lehmhaltiger Boden.
Pflege: Regelmäßig und reichlich gießen; stickstoffbetont düngen.
Vermehrung: Aussaat im Frühjahr oder Herbst; Wurzelstockteilung.

Ernte: Frische Blätter ab Frühjahr fortlaufend; Wurzeln im Frühjahr und Herbst (zum Trocknen).
Verwendung: Als Heilpflanze gilt Beinwell als probates Mittel bei Gelenkschmerzen, Prellungen, Knochenbrüchen, Verstauchungen sowie rheumatischen Beschwerden.
Er wirkt wundheilend. Nicht mehr als vier bis sechs Wochen in Folge verwenden. Zum Verzehr ist Beinwell nicht zu empfehlen.

Baldrian
Valeriana officinalis

bis 150 · VIII / X

Aussehen: Aufrecht wachsende, winterharte wurzel- und ausläuferbildende Staude mit gefiederten Blättern und hohlen Stängeln.
Blüte: Mai bis September; weiße, gelegentlich rosafarbene, schirmförmige Blütenstände.
Standort: Normaler, feuchter Boden.
Pflege: Regelmäßig gießen, mit Kompost versorgen; Blütendolden vor der Samenbildung abschneiden; anspruchslos.

Vermehrung: Aussaat im Frühjahr, Wurzelstockteilung im Herbst.
Ernte: Wurzeln nach dem zweiten Jahr, ab dem Herbst, wenn die Blätter abgestorben sind; Blätter im Frühjahr.
Verwendung: Am bekanntesten ist Baldrian wegen seiner beruhigenden und schlaffördernden Eigenschaften, z. B. als Tee. In Kombination mit Johanniskraut und Hopfen (Apotheke) wird die Wirkung noch verstärkt.

Mönchspfeffer, Keuschlamm
Vitex agnus-castus

200-300 · X / XI

Aussehen: Sommergrüner, aufrecht wachsender, reich verzweigter Strauch.
Blüte: Juli bis August; lilafarbene, duftende Blütenrispen.
Standort: In gut durchlässiger Erde. Da nicht ganz winterhart, an einem geschützten Platz (in Weinbaugegenden) oder im Kübel halten.
Pflege: Mäßig gießen und alle zwei Wochen düngen. Damit die Pflanze in Form bleibt, im Februar oder März zurückschnei-

den; die Verzweigung wird durch mehrmaliges Entspitzen im Frühjahr erzielt. Winterschutz bzw. frostfreie Überwinterung der Kübel ist empfehlenswert.
Vermehrung: Stecklinge.
Ernte: Ab Oktober reife, braune Früchte ernten und trocknen.
Verwendung: Wirksame Arzneipflanze bei Hormonstörungen; nur nach Verordnung einnehmen! In der Küche: Als Pfeffer-Ersatz verwendbar, sparsam dosieren.

Asia-Kräuter sind in aller Munde

Es ist unglaublich, welche Vielzahl von Asia-Kräutern es mittlerweile als Jungpflanzen in spezialisierten Kräutergärtnereien zu kaufen gibt: Zitronengras, Thai-Basilikum, Indischer Dill und viele andere. Ein Ende ist noch nicht abzusehen. Denn auch Asia-Rezepte boomen wie nie zuvor. Und das nicht ohne Grund: Die Asia-Küche gilt als reich an Gewürzen, fett- und kalorienarm und schmeckt super lecker. Was liegt also näher, als sich ein wenig dieses exotischen Flairs in den heimischen Garten zu holen und so für gesunde Würze zu sorgen.

Chinesischer Lauch
Allium ramosum (syn. *Allium odorum*)

Aussehen: Mehrjährige, winterharte Lauchart (ähnlich dem bei uns bekannten Schnittknoblauch) mit hohem Wuchs; wird in Asien seit Jahrtausenden angebaut. Intensiv nach Knoblauch duftendes Aroma.
Blütezeit: Juli bis August, weiß.
Standort: In frischer, nahrhafter Erde.
Pflege: Ein- bis zweimal jährlich leicht düngen; hin und wieder gießen; Pflanze alle drei bis vier Jahre durch Teilung verjüngen und an einen anderen Platz setzen.

Vermehrung: Aussaat ins Beet von April bis August; Topfkultur auch im Winter möglich; Wurzelstockteilung im zeitigen Frühjahr oder im Herbst.
Ernte: Stiele ab Mai bodennah und büschelweise mit einem scharfen Küchenmesser oder einer Kräuterschere abschneiden.
Verwendung: Blätter und Blüten für asiatische Speisen; feine Knoblauch-Würze für Rohkostsalate, Suppen, Kräuterbutter, -quark, Gemüse, Fisch und Fleisch.

Indischer Dill
Anethum sowa

Aussehen: Enger Verwandter des bei uns weit verbreiteten Dills (*Anethum graveolens*). Die Pflanze bildet fein gefiederte, aromatische Blätter und wächst aufrecht; einjährig.
Blütezeit: Juli bis August; tiefgelbe Doldenblüten.
Standort: Ideal ist ein Platz in durchlässiger, sandig-humoser Erde.
Pflege: Hin und wieder düngen und gießen. Auf zu viel Nässe reagiert das Kraut mit Blattverfärbungen; wird gerne von Läusen heimgesucht.
Vermehrung: Aussaat im Februar/März unter Glas oder ab Mai direkt ins Freiland.
Ernte: Junge Blätter und Triebe vor der Blüte; Samen im Herbst.
Verwendung: Frisches Kraut als Gewürz für Suppen und Reisgerichte, zerriebener Samen für Fisch und Sushi. Als Heilpflanze: Wird in Asien bei Magen- und Darmbeschwerden empfohlen.

Salat-Chrysantheme, Shungi-ku
Chrysanthemum coronarium

Aussehen: Einjährige, krautige Pflanze mit länglichen, blaugrauen bis dunkelgrünen, gefiederten Blättern.
Blüte: Juli bis September; weiß- oder goldgelb; einfach oder gefüllt.
Standort: Gut durchlässige, sandig-lehmige Erde.
Pflege: Regelmäßig und reichlich düngen und gießen. Auf Blattlausbefall achten.
Vermehrung: Aussaat ab April unter Glas, ab Mitte Mai direkt ins Beet.

Ernte: Junge Blätter und Triebe sowie Blütenblätter.
Verwendung: Aroma ähnelt dem von Petersilie und passt hervorragend zu Suppen, Salaten, Rohkost, Kräuterbutter oder -quark. Die Blütenblätter eignen sich als essbare Deko für Desserts, Bowlen oder Salate. Als Heilpflanze: Tee-Aufguss der Blüten wird bei Kopfschmerzen empfohlen oder als Auflage (dazu Tuch in Tee tauchen) bei müden Augen oder Pickeln.

Koriander
Coriandrum sativum

30–70 · IV / IX

Aussehen: Aufrecht wachsend; Stängel gerillt, an der Basis dreilappige Blätter und im oberen Bereich fein gefiedert; einjährig.
Blüte: Juni bis August; weiße bis hellrosafarbene Doldenblüten.
Standort: In durchlässiger, nährstoffreicher Gartenerde.
Pflege: Gleichmäßig gießen, gelegentlich düngen.
Vermehrung: Aussaat im April, direkt ins Beet oder in eine Pflanzschale.

Ernte: Frische Blätter laufend, Samen bevor sie braun sind (frühestens jedoch Ende August).
Verwendung: Blätter würzen exotische Gerichte, Wildmarinaden, Salate und Gemüse. Gemahlene Samen für Wok- und Kohlgerichte, Gewürzbrot und -kuchen. Koriander ist ein traditionelles Gewürz für Wurst und Räucherspeck. Als Heilpflanze: verdauungsfördernd und krampflösend.
Sorte: Blatt-Koriander 'Cilantro'.

Japan-Petersilie, Mitsuba
Cryptotaenia japonica

40–100 · III / X

Aussehen: Krautig und ausdauernd wachsende asiatische Spezialität mit lang gestielten, dreiteiligen und sattgrünen, am Rand gesägten Laubblättern; hat Ähnlichkeit mit glatter Petersilie.
Blüte: Mai bis Juli; unscheinbare, kleine weiße Doldenblüten.
Standort: Ideal ist ein halbschattiger, feuchter Platz im Beet oder Kübel.
Pflege: Regelmäßig gießen; da nicht ganz frosthart, im Winter mit Reisig abdecken.

Vermehrung: Aussaat ab Mai bis August.
Ernte: Frische Blätter bis zur Blüte; Wurzeln im Herbst.
Verwendung: Frische Blätter und Blattstiele würzen Salate, Suppen sowie Quarkspeisen; man gibt sie an Wok-Gerichte, zu Sushi oder backt sie mit Gemüse (Tempura) aus. Wurzeln als Gemüse zubereiten. Enthält Vitamin A, B1, B2 und C.
Sorte: 'Atropurpurea' (attraktive, rotlaubige Blätter).

Zitronengras, Zitronellgras
Cymbopogon citratus

bis 120 · I / XII

Aussehen: Mehrjährig wachsendes äußerst aromatisches Gras. Die Blätter der horstbildenden Pflanze sind rau und verströmen bei Berührung oder Rückschnitt ein frisches Zitrus-Aroma.
Blüte: Kulturformen blühen nicht.
Standort: Warmer, regengeschützter Platz und das möglichst ganzjährig; daher unbedingt im Kübel kultivieren. Eine nahrhafte und gut durchlässige Erde ist ideal.
Pflege: Regelmäßig düngen und gießen (besonders im Sommer), jedoch Staunässe

vermeiden; im Haus, hell und bei mindestens 10 °C überwintern.
Vermehrung: Aussaat im Frühjahr unter Glas bei ca. 20 °C; Wurzelstockteilung im Frühjahr oder Herbst.
Ernte: Junge Halme ganzjährig.
Verwendung: Wichtiges asiatisches Tee- und Küchenkraut (frisch oder getrocknet); würzt Soßen, Currys und Fischgerichte. Als Heilpflanze: Zitronengras wirkt antibakteriell, krampflösend, harntreibend und verdauungsfördernd.

Schwarzkümmel
Nigella sativa

30–40 · VII / IX

Aussehen: Einjährige Pflanze, aufrechter Wuchs, mit reich verzweigten Stängeln; nach der Blüte bildet *Nigella* mohnähnliche Kapseln aus, in denen aromatische, dunkle Samen reifen.
Blüte: Juni bis August; blaugrau.
Standort: Warmer Platz in gut durchlässiger, humoser Gartenerde.
Pflege: Beet gleichmäßig feucht (aber nicht nass) halten: aufkommende Unkräuter gleich entfernen; hin und wieder etwas düngen.

Vermehrung: Durch Aussaat im Frühjahr.
Ernte: Samen im Sommer, sobald sie sich schwarzbraun verfärbt haben.
Verwendung: Schwarzkümmelsamen wird frisch oder geröstet verwendet; man kann damit unter anderem Brot, Soßen, Fleisch- und Fischgerichte würzen; er wird auch als Pfefferersatz genutzt. Als Heilpflanze: In der Homöopathie bei Magenerkrankungen, Blähungen, Verdauungsstörungen und Leberleiden.

Schwarznessel, Shiso
Perilla frutescens

Aussehen: Buschiger Wuchs; je nach Sorte mit rundlichen, gewellten, stark gezähnten grünen oder roten Blättern; spitz zulaufend; einjährig.
Blüte: September; weiß.
Standort: Gut durchlässiger, humoser und nährstoffreicher Boden.
Pflege: Regelmäßig gießen, entspitzen (gibt eine schönere Wuchsform) und düngen. Auf Blattläuse und Weiße Fliege achten und bei Befall eingreifen.

Vermehrung: Aussaat im Frühjahr unter Glas oder im Mai vor Ort (Pflanzen dann vereinzeln).
Ernte: Blätter vor der Blüte.
Verwendung: Würzt Salate; Samen und Blätter kommen bei japanischen Gerichten wie Shusi oder Tempura zum Einsatz und sie verleihen Pfannengerichten ein ganz besonderes Aroma. Als Heilpflanze: Schwarznessel gilt als krampf- und schleimlösend und hilfreich bei Übelkeit.

Vietnamesischer Koriander
Persicaria odorata (syn. *Polygonum odoratum*)

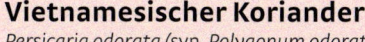

Aussehen: Pflegeleichte Knöterichart mit spitz zulaufenden Blättern und intensivem Koriander-Aroma; rasch wachsender Bodendecker.
Blüte: Juli bis August; hellrosa.
Standort: Am besten in gut durchlässiger, sandig-humoser Kompost- oder Kübelpflanzenerde; idealerweise im Kübel, Trog oder geräumigen Kasten.
Pflege: Erde stets gut feucht halten. Die Würzpflanze wächst zwar mehrjährig, ist in unserem Klima jedoch nicht winterhart; deshalb besser als Kübelpflanze ziehen und frostfrei überwintern.
Vermehrung: Stecklinge (in Wasser bewurzeln lassen); Wurzelstockteilung im Frühjahr oder Herbst.
Ernte: Frische Blätter und Triebspitzen.
Verwendung: Wichtiges Gewürz für asiatische Gerichte; enthält ätherische Öle. Als Heilpflanze: Hilfreich bei Magen-, Darm- und Verdauungsbeschwerden.

Ajowan
Trachyspermum ammi

Aussehen: Das einjährig wachsende Heilkraut hat Ähnlichkeit mit Kümmel; es bildet fein gefiederte Blätter aus.
Blüte: Ab Frühsommer weiße Blütendolden, in denen winzig kleine Samen reifen.
Standort: Warmer Platz in feuchtem, nährstoffreichem Boden ist optimal.
Pflege: Boden stets gleichmäßig feucht halten; der Wurzelballen darf nicht austrocknen, Staunässe ist zu vermeiden. Hin und wieder düngen.
Vermehrung: Aussaat im Frühjahr, wenn keine Fröste mehr zu erwarten sind. Am besten in Reihen säen.
Ernte: Junge Blätter können bis zur Blütenbildung ähnlich wie Petersilie verwendet werden. Getrocknete Samen auslösen und in einem Keramik- oder blickdichten verschließbaren Gefäß aufbewaren.
Verwendung: Die Samen haben ein intensives Thymianaroma, dass Fleisch- und Gemüsegerichte sowie Hülsenfrüchte wunderbar würzt. Als Heilpflanze: Ajowan-Samen fördern die Verdauung.

Ingwer
Zingiber officinale

Aussehen: Wächst mehrjährig; knolliger Wurzelstock ist reich verzweigt und bildet aufrechte, hohe Triebe, mit schmalen, lanzettlichen Blättern.
Blüte: August; gelb (in unserem Klima nicht zu erwarten).
Standort: Empfindliche Tropenpflanze, die nährstoffreichen, gut durchlässigen, feuchten Boden (darf nicht nass sein!) sowie hohe Luftfeuchtigkeit benötigt; am besten als Kübelpflanze ziehen.

Pflege: Sparsam gießen, der Wurzelballen darf nicht austrocknen. Hell und warm überwintern.
Vermehrung: Rhizomteilung im Frühjahr.
Ernte: Frische, möglichst dicke Rhizome.
Verwendung: Würzt gerieben oder klein geschnitten Wok-Gerichte und verleiht Kuchen, Süßspeisen und Currypulver eine exotische Note. Als Heilpflanze: Ingwer wirkt schweißtreibend und hilft gegen Übelkeit bei Reisekrankheit.

Service

Bezugsquellen und Rezepte

S. 19 oben: Pflanzen und Treppe
KEIMZEIT Saatgut-Fachversand
Tanja Beddies
Hainholzweg 3
21358 Mechtersen
Tel.: 0 41 78 / 81 80-888
Fax: 0 41 78 / 81 80-889
E-Mail: kontakt@keimzeit-saatgut.de
Shop: www.keimzeit-saatgut.de

S. 27 Draht-Gabionen
belissa HAAS GmbH
Panoramastr. 31
88214 Ravensburg
Baden-Württemberg
Tel.: 0 75 20 / 9 20 50
www.bellissa.de

Plan-G GmbH
Panoramastr. 31
88214 Ravensburg
Tel.: 0 75 20 / 95 62 46
www.plan-g.biz
E-Mail: info@plan-g.biz

Drahtwaren-Driller GmbH
Engesserstrasse 3
79108 Freiburg
Tel.: 07 61 / 50 01 76
Fax: 07 61 / 50 08 82
www.draht-driller.de

S. 32 oben rechts, Metallkasten
car Selbstbaumöbel
Gutenbergstraße 9 a
24558 Henstedt-Ulzburg
Tel.: 0 41 93 / 75 55 0
Fax: 0 41 93 / 75 55 15
E-Mail: office@car-Moebel.de
www.car-Moebel.de

S. 32 unten rechts, Übertopf
ASA Selection GmbH
Rudolf-Diesel-Strasse 3
56203 Höhr-Grenzhausen
www.asa-selection.vom

S. 46 Mitte links, Pflanzenschild
Paolo Bizzi Design
Helmut P. Uhrmacher
Hauptstraße 16
27729 Axstedt
Tel.: 0 47 48 / 93 10 45
Fax: 0 4748 / 93 10 46
E-Mail: info@paolo-bizzi.de
www.paolo-bizzi.de

S. 63, Einfrierhilfe
Toppits Einfrieren/Frischhalten
(Stills & Steps)
www.Melitta.info

S. 71 Gewürzmühlen
WMF AG
Hotline (WMF Online Shop):
0 18 05 / 96 32 40 (14 Cent/Min.)
www.wmf.de

S. 72/73, Rezepte
„Gurken-Sellerie-Salat" von Patros
(www.hochland.de)
„Salat für heiße Tage" von LISA Blumen
und Pflanzen
„Sommersalat mit frischen Himbeeren"
und „Feldsalat mit Champignons" von
CMA-Bestes vom Bauern

S. 74/75, Rezepte
„Lammauflauf" von Patros
(www.hochland.de)
„Kräuterschaumsüppchen" von Brunch
„Königskrabben auf Fenchel"
von LISA Blumen und Pflanzen

S. 76/77, Rezepte
„Wildkräutersuppe mit Gänseblümchen"
von Knorr
„Kräuter-Käse-Kuchen" von Rama
„Frühlingssalat mit gebratenem Kräuter-
saibling" von Alpro soya
(www.alpro-soya.de)

S. 78/79, Rezepte
„Pfirsichtarte mit Minzeguss", „Leichtes
Melonen-Sorbet", „Gebackene Salbei-
blätter" von LISA Blumen und Pflanzen
„Zitronenzucker" von Ursula Braun-
Bernhart

S. 80 rechts, Kräuterseifen
Beti Lue. Salbenmanufaktur
Leipziger Straße 44
09113 Chemnitz zu Sachsen
www.salbenmanufaktur.de

S. 80, Rezept
„Kräuterbad/Fußbadesalz"
von Ursula Braun-Bernhart

S. 81, Rezept
„Ringelblumensalbe"
von Ursula Braun-Bernhart

S. 88, Übertopf
ASA Selection GmbH
Adresse s.o,

Nützliche Adressen
(Sortierung nach Postleitzahlen)

Kräuter und Duftpflanzen

Kräuter- und Staudengärtnerei Mann
Schönbacherstr. 25
02708 Lawalde
Tel.: 0 35 85 / 40 37 38
E-Mail: info@plantasia.de
www.pflanzenreich.com

Die Kräuterei
Alexanderstraße 29
26121 Oldenburg
Tel.: 04 41 / 88 23 68
www.kraeuterei.de

Rühlemanns Kräuter u. Duftpflanzen
Auf dem Berg 2
27367 Horstedt
Tel.: 0 42 88 / 92 85-58
Fax: 0 42 88 / 92 85-59
E-Mail: info@ruehlemanns.de
www.ruehlemanns.de

Kräuterey Lützel
Im Stillen Winkel 5
57271 Hilchenbach
Tel.: 0 27 33 / 38 46
www.kraeuterey.de

Otzberg Kräuter
Erich Ollenhauer-Str. 87a
65187 Wiesbaden
Tel.: 06 11 / 8 12 05 45

Tausendschön
Hauptstraße 9
74541 Vellberg-Großaltdorf
Tel.: 0 79 07 / 89 79

Kräuter Schulte
Drogerie
Schlossstraße 7
76593 Gernsbach / Schwarzwald
Tel.: 0 72 24 / 38 76
E-Mail: kraeuterschulte@aol.com

Syringa Duft- und Würzkräuter
Bachstraße 7
78247 Hilzingen-Binningen
Tel.: 0 77 39 / 14 52
Fax: 0 77 39 / 6 77
E-Mail: info@syringa-samen.de
www.syringa-samen.de

Hof Berggarten
Wildpflanzen für Blumenwiesen
und Naturgarten
Birgit Lau und Robert Schönfeld
Großherrischwand
Lindenweg 17
79737 Herrischried

Blumenschule Rainer Engler
Augsburger Straße 62
86956 Schongau
Tel.: 0 88 61 / 73 73
Fax: 0 88 61 / 12 72
E-Mail: info@blumenschule.de
www.blumenschule.de

artemisia – Allgäuer Kräutergarten
Hopfen 29
88167 Stiefenhofen im Allgäu
Tel.: 0 83 86 / 96 05 10
Fax: 0 83 86 / 96 15 20
E-Mail:info@artemisia.de
www.artemisia.de

Kräuter im Brunnenhof
Kornstraße 61
88370 Ebenweiler
Tel.: 0 75 84 / 32 33
www.brunnenhof-kraeuter-und-mehr.de

Staudengärtnerei Gaissmayer
Jungviehweide 3
89257 Illertissen
Tel: 0 73 03 / 7258
Fax: 0 73 03 / 42 18 1
E-Mail: info@staudengaissmayer.de
www.gaissmayer.de

Raritätengärtnerei Treml
Eckerstraße 32
93471 Arnbruck
Tel.: 0 99 45 / 90 51 00
Fax: 0 99 45 / 90 51 01
E-Mail: treml@pflanzentreml.de
www.pflanzentreml.de

Kräuter-Saatgut

ISP – International Seeds Processing
GmbH
Erwin-Baur-Str. 23
06484 Quedlinburg
Tel.: 0 39 46 / 78 09-0
Fax: 0 39 46 / 78 09-17
E-Mail: isp-quedlinburg@t-online.de
www.isp-quedlinburg.de/

Carl Sperling & Co. (GmbH & Co.KG)
Hamburger Straße 35
21339 Lüneburg
Tel.: 0 41 31 / 30 17-0
Fax: 0 41 31 / 30 17-45
www.sperli.de

KEIMZEIT Saatgut-Fachversand
Alter Berner Weg 24
22393 Hamburg
Tel.: 0 40 / 64 50 65 50
Fax: 0 40 / 64 50 65 55
E-Mail: kontakt@keimzeit-saatgut.de
www.keimzeit-saatgut.de

Gustav Schlüter (Kiepenkerl-Samen)
Bahnhofstr. 5
25335 Bokholt-Hanredder
Tel.: 0 41 23 / 20 21
E-Mail: versand@garten-schlueter.de
www.pflanzenversand-schlueter.de
www.garten-schlueter.de

Samentraum Gassmann (Sperli-Samen)
Inh. F. Stellfeldt
Berckstr. 30
28359 Bremen
Tel.: 04 21 / 22 37 94 30
Fax: 04 21 / 22 37 94 33
E-Mail: info@samentraum.de
www.samentraum.de

Thysanotus-Samenversand
Uwe Siebers
Schulweg 21
28876 Oyten
Tel.: 0 42 07 / 57 08
Fax: 0 42 07 / 57 22
E-Mail: UweSiebers@t-online.de
www.thysanotus-samenversand.de

Jelitto Staudensamen GmbH
Am Toggraben 3
29690 Schwarmstedt
Tel.: 0 50 71 / 98 29-0
Fax: 0 50 71 / 98 29-27

Thompson & Morgan
Postfach 10 69
36243 Niederaula
Tel.: 0 40 / 61 19 39 93
E-Mail: tmde@thompson-morgan.com
www.thompson-morgan.com

Gärtner Pötschke GmbH
Beuthener Straße 4
41561 Kaarst
Tel.: 0 18 05 / 8 61-100
Fax: 0 18 05 / 8 61-300
E-Mail: info@poetschke.com
www.gaertner-poetschke.de

Syngenta Seeds GmbH
Gemüse & Blumen
Alte Reeser Str. 95
47533 Kleve
Tel.: 0 28 21 / 9 94-0
Fax: 0 28 21 / 9 17 78
www.syngenta-seeds.de

Kiepenkerl / Nebelung GmbH & Co.
Bruno Nebelung
Pflanzenzüchtung
Freckenhorster Str. 32
48351 Everswinkel
Tel.: 0 25 82 / 67 00
www.kiepenkerl.de
E-Mail: kiepenkerl@nebelung.de

Bio-Saatgut Ulla Grall
Eulengasse 3
55288 Armsheim
Tel.: 0 67 34 / 96 03 79
Fax: 0 67 34 / 96 00 14
E-Mail: Ulla.grall@bio-saatgut.de
www.bio-saatgut.de

Tom Garten (Kiepenkerl-Samen)
ESH Rhenania GmbH
Im Weidboden 12
57629 Norken
Tel.: 0 18 05 / 48 47 46
Fax: 0 18 05 / 66 00 82
E-Mail: info@tom-garten.de
www.tomgartenshop.de

Baldur-Garten GmbH
Elbinger Straße 12
64625 Bensheim
Tel.: 0 18 05 / 10 35-11
oder 0 62 51 / 10 35-10
Fax: 0 18 05 / 10 35-99
www.baldur-garten.de

Hild Samen GmbH
Kirchenweinbergstr. 115
71672 Marbach a. N.
Tel.: 0 71 44 / 84 73 11
Fax: 0 71 44 / 84 73 99
E-Mail: hild@nunhems.com
www.hildsamen.de

Karl Hanne Samenparadies
Bisloher Hauptstr. 1
OT Bislohe
90765 Fürth
Tel.: 09 11 / 73 92 10
Fax: 09 11 / 7 59 31 51

W. Nixdorf
Aschhauserstr. 77
97922 Lauda
Tel.: 0 93 43 / 34 65
Fax: 0 93 43 / 6 57 47
E-Mail : nixdorf@garten-wn.de
www.garten-wn.de

N.L.Chrestensen
Erfurter Samen- und Pflanzenzucht GmbH
Witterdaer Weg 6
99092 Erfurt
Tel.: 03 61 / 2 24 50
Fax: 03 61 / 2 24 51 12
E-Mail: info@chrestensen.com
www.chrestensen.de

biosem
Jutzet-Jossi S. & A.
Le Burli 39
CH-2019 Chambrelien
Tel.: +41 / (0) 32 8 55 14 86
Fax: +41 / (0) 32 8 55 10 58
E-Mail: biosem@biosem.ch
www.biosem.ch

Erhaltung der Sortenvielfalt

Verein zur Erhaltung der
Nutzpflanzenvielfalt e.V. (VEN)
c/o Ursula Reinhard
Sandbachstr. 5
38162 Schandelah
Tel.: 0 53 06 / 14 02
E-Mail: ven.nutz@gmx.de
www.nutzpflanzenvielfalt.de

Arche Noah
Obere Str. 40
A-3553 Schloß Schiltern
Tel.: +43 (0) 27 34 / 86 26
Fax: +43 (0) 27 34 / 86 27
www.arche-noah.at

Stiftung Pro Specie Rara PSR
Pfrundweg 14
CH-5000 Aarau
E-Mail: info@psrara.org
www.psrara.org
Tel.: +41 / (0)62 832 08 20 (vormittags)
Fax: +41 / (0)62 832 08 25

Sehenswerte Kräutergärten

Botanischer Garten für Arznei-
und Gewürzpflanzen Oberholz
Störmthaler Weg 2
04463 Großpösna-Oberholz
Tel.: 03 42 97 / 4 12 49
Fax: 03 42 97 / 1 58 99
www.botanischer-garten-oberholz.de

Ökostation Neugattersleben
Weinberg 4
06429 Neugattersleben
Tel.: 03 47 21 / 2 25 49
www.oekostation-neugattersleben.de

„Hexengarten" im Britzer Garten
Sangershauser Weg 1
12349 Berlin-Neukölln

Kurfürstlicher Garten im
Botanischen Garten
Königin-Luise-Straße 6–8
14195 Berlin-Dahlem
Tel.: 0 30 / 83 00 61 33

Kräuterpark Stolpe
24601 Stolpe
Tel. 0 43 26 / 28 93 90
www.kraeuterpark.de

Arzneipflanzengarten des Instituts
für Pharmazeutische Biologie
Mendelssohnstraße 1
38106 Braunschweig
Tel.: 05 31 / 3 91-5680
Fax: 05 31 / 3 91-8104

Klostergarten Michaelstein
38889 Blankenburg/Harz

Apothekergarten Lünen
Im Seepark
44532 Lünen

Kräutergarten im Kloster Arenberg
Cherubine-Willimann-Weg 1
56077 Koblenz
www.kloster-arenberg.de

Kräutergarten auf der Marksburg
In der Marksburg
56338 Braubach am Rhein
Tel.: 0 26 27 / 2 06
www.marksburg.de

Heilkräutergarten in der Aue
69412 Eberbach

Heilkräutergarten im Schloßpark
69469 Weinheim

Apothekergarten Wiesbaden
im Aukammtal
Aukammallee
65191 Wiesbaden
Tel.: 06 11 / 30 50 54 oder 0 61 22 /64 47
www.apothekergarten-wiesbaden.de

Bio-dynamischer Heilpflanzengarten
72525 Schwäbisch Gmünd-Wetzgau
Besichtigung nur nach vorheriger
Anmeldung: Tel.: 0 71 71 / 91 94 14

Duft- und Würzkräuter-Garten
der Firma Syringa
78247 Hilzingen-Binningen
Tel.: 0 77 39 / 14 52
E-Mail: info@syringa-samen.de
www.syringa-samen.de

Kräutergarten auf der Insel Reichenau
Beim Münster St. Maria & Markus
78479 Reichenau
Tel. 0 75 34 / 9 20 70
www.insel-reichenau.de

Ökostation im Seepark
Falkenbergerstrasse 21 B
79110 Freiburg/Breisgau

Kräuter- und Medititationsgarten
im Kloster Benediktbeuren
Kloster Benediktbeuern, ZUK
Zeilerweg 2
83671 Benediktbeuern
Tel.: 0 88 57 / 8 87 77
www.kloster-benediktbeuern.de

Kräutergarten in der Anlage am
Roten Tor
86150 Augsburg

Apothekergarten im Botanischen
Garten Augsburg
Dr.-Ziegenspeck-Weg 10
86161 Augsburg
Tel.: 08 21 / 3 24 60 38
www.augsburg.de

Kurpark Bad Wörishofen
Alfred-Baumgarten-Str.
86825 Bad Wörishofen
Tel.: 0 82 47 / 99 33 55 56
www.bad-woerishofen.de

Aromagarten des Botanischen Gartens
Erlangen
Palmsanlage über der Schwabach
91054 Erlangen

Kloster Veßra
Hennebergisches Museum
98660 Kloster Veßra
Tel.: 03 68 73 / 6 90 30
www.museumklostervessra.de

Österreich

Heilkräuter-, Schau- und Lehrgarten
A-4163 Klaffer am Hochficht

Heilkräutergarten Erich Hager
A-3332 Sonntagsberg/Rosenau

Kräuterdorf Irschen
A-9773 Irschen im Drautal/Kärnten
www.irschen.com

Schweiz

Alpengarten mit vielen Heilpflanzen
Schynige Platte
CH-3812 Wilderswil

Heilkräutergarten
Freilichtmuseum Ballenberg
CH-3855 Brienz

Bach-Blüten-Lehrpfad
CH-3930 Visp/Wallis

Arzneipflanzengarten
Botanischer Garten Brüglingen
CH-4052 Basel

Register

Alle **halbfett** markierten Seitenzahlen
verweisen auf Abbildungen.

Bildnachweis

Mit 340 Farbfotos von

alpro-soya: 78 re; **ASA Selection GmbH**, Höhr-Grenzhausen: 33, 88 li; **bellissa Haas GmbH**, Ravensburg: 27 (alle drei); **Beti Lue. Salbenmanufaktur**, Chemnitz: 80 Mire; **Paolo Bizzi Design**, Axstedt: 46 Mili; **Botanikfoto/Steffen Hauser**, Berlin: 16 oli, 70 ore, 70 ure; **car Selbstbaumöbel**, Henstedt-Ulzburg: 32 ore; **CMA–Bestes vom Bauern**: 73 li; **Otmar Diez**, Sulzthal: 11 u, 15 li, 26 (alle drei), 61 ore, 69 oli, 69 uli, 70 oli, 112 3. von oben, 115 linke Spalte unten, 124 3. von oben; **Edition Phönix/Jutta Schneider & Michael Will**, Malsburg: 7, 11 ore, 15 u, 21 oli, 23 Mili, 23 u, 24 o, 28 ore, 28 uli, 34 Mi, 41 ure, 57, 61 oli, 69 ore; **Flora Press, Hamburg**: 42; 81 li; **Flora Press/Otmar Diez**, Hamburg: 41 Mili, 101 rechte Spalte unten; **Florapress/Emotive Images**, Hamburg: 66 ore, 69 ure 79 oli; **Gartenschatz**, Stuttgart: Vorsatz, 8 re, 19 ore, 19 uli, 41 ore, 58, 59, 69 Mi, 82, 94 o, 94 Mi, 95 (alle vier), 96 (alle vier), 97 o, 97 3. von oben, 97 u, 98 (alle vier), 99 u, 101 rechte Spalte oben, 101 rechte Spalte 3. von oben, 102 2. von oben, 102 3. von oben, 102 u, 103 2. von oben, 104, 105 (alle acht), 106, 107 linke Spalte 3. von oben, 107 rechte Spalte 3. von oben, 107 linke Spalte unten, 107 rechte Spalte unten, 108 o, 108 2. von oben, 108 3. von oben, 109 3. von oben, 110, 111 rechte Spalte oben, 111 rechte Spalte 2. von oben, 111 linke Spalte 3. von oben, 112 2. von oben, 112 u, 113 (alle vier), 114, 115 linke Spalte oben, 115 rechte Spalte (alle vier), 115 linke Spalte 2. von oben, 115 linke Spalte 3. von oben, 116 3. von oben, 116 u, 117 2. von oben, 119 linke Spalte oben, 119 rechte Spalte oben, 119 linke Spalte 3. von oben, 120 (alle drei), 121 (alle vier), 122 o, 122 2. von oben, 122 3. von oben, 123 (alle vier), 124 u, 125 o, 125 3. von oben, 126 2. von oben, 126 u, 127 o, 127 3. von oben, 127 u, 128 o, 128 2. von oben, 128 3. von oben, 130 o, 130 3. von oben, 131 o; **Antje-Katrin Hansen**, Hamburg: 16 uli, 35 re; **Keimzeit**, Mechternsen: 19 oli; **Kiepenkerl-Pflanzenzüchtung**, Everswinkel: 107 rechte Spalte oben, 119 linke Spalte unten; **Kräuterdorf Irschen/F.Gerdl** (www.irschen.com): 65 re; **Botanik Bildarchiv Laux**, Biberach/Riß: 16 uMi, 19 Mire, 67, 97 2. von oben, 99 2. von oben, 101 linke Spalte oben, 101 linke Spalte 2. von oben, 101 rechte Spalte 2. von oben, 101 linke Spalte unten, 103 o, 107 linke Spalte 2. von

oben, 108 u, 109 o, 109 2. von oben, 109 u, 116 o, 116 2. von oben, 117 o, 117 u, 118, 119 linke Spalte 2. von oben, 119 rechte Spalte 2. von oben, 119 rechte Spalte 3. von oben, 119 rechte Spalte unten, 122 u, 124 o, 125 2. von oben, 126 3. von oben, 128 u, 129 u, 130 2. von oben, 130 u, 131 2. von oben, 131 u; **LBP/Roland Krieg**, Offenburg: 9 li, 9 re, 20 re, 32 oli, 46 oli, 50 (alle drei), 51 (beide), 52 uli, 55 o (alle vier), 61 Mire, 61 ure, 61 uli, 64 (beide), 66 oli, 66 Mi, 72 li, 74 ure, 79 ore, 79 ure, 79 uli, 80 ure, 81 re, 87 oli, 87 oMi; **Dirk Mann**, Lawalde: 129 Mi; **www.Melitta.info/Presse/Pressefotos**: 63 ore; **Patros**: 73 re, 74 li; **picture & publicity**, Hamburg: 44 (alle drei), 45 (beide); **Wolfgang Redeleit**, Bienenbüttel: 23 oli; **Benjamin Redeleit**, Bienenbüttel: 72 re; **Reinhard-Tierfoto/Hans Reinhard**, Heiligkreuzsteinach-Eiterbach: 6, 8 li, 11 Mili, 12 li, 16 ore, 24 Mire, 36 Mire, 36 ure, 41 oli, 62 (beide), 63 uli, 70 uli, 84 uli, 84 uMi, 87 Mire, 87 ure, 88 Mi, 94 u, 99 3. von oben, 107 rechte Spalte 2. von oben; **Reinhard-Tierfoto/Nils Reinhard**, Heiligkreuzsteinach-Eiterbach: 11 Mire, 24 li; **Manfred Ruckszio**, Taunusstein: 21 re, 21 uMi, 34 ure, 43, 83, 89 re, 100, 103 3. von oben, 107 linke Spalte oben, 117 3. von oben, 124 2. von oben, 129 2. von oben; **Christel Rupp**, Offenburg: 24 u, 35 li, 93; **Dr. Roland Spohn**, Engen: 101 linke Spalte 3. von oben, 102 o, 129 o, 131 3. von oben; **StockFood/Roland Krieg**, München: 65 li; **Friedrich Strauß**, Au: 12 ure, 15 re, 19 ure, 28 oli, 28 ure, 31 (alle fünf), 32 Mire, 36 oli, 36 uli, 38 (beide), 39 (beide), 46 Mire, 46 u, 49 (alle vier), 52 oli, 52 ore, 52 ure, 55 u, 63 ure, 84 oli, 84 ore, 87 uli, 88 re, 89 li, 92; **Syringa Duftpflanzen und Kräuter**, Hilzingen-Binningen: 9 Mi, 16 Mi, 20 li, 23 ore, 23 Mire, 34 li, 99 o, 103 u, 111 linke Spalte oben, 111 linke Spalte 2. von oben, 111 rechte Spalte 3. von oben, 111 linke Spalte unten, 111 rechte Spalte unten, 112 o; **Annette Timmermann**, Kalübbe: 2/3, 4, 5, 11 oli, 12 o, 32 uli, 56, 66 u, 69 Mire, 80 li; **Unilever Deutschland GmbH**, Hamburg: 74 ore, 77; 78 li; **WMF AG**, Geislingen/Steige: 71.

Mit 4 Illustrationen von
Ruth Fritzsche, Offenburg: 14, 58, 59; **LBP/Ushie Farkas-Dorner**, Offenburg: 12.

Impressum

Umschlaggestaltung von Atelier Reichert, Stuttgart unter Verwendung eines Farbfotos von Flora Press/Visions, Hamburg (Umschlagvorderseite) sowie eines Farbfotos von Otmar Diez, Sulzthal (Umschlagrückseite, links: Johanniskraut) und Edition Phoenix/Jutta Schneider, Malsburg (Umschlagrückseite, rechts: Kräuterkörbe).

Mit 340 Farbfotos und 4 Farbzeichnungen.

Unser gesamtes lieferbares Programm und viele weitere Informationen zu unseren Büchern, Spielen, Experimentierkästen, DVDs, Autoren und Aktivitäten finden Sie unter **www.kosmos.de**

© 2009, Franckh-Kosmos Verlags-GmbH & Co. KG, Stuttgart
Alle Rechte vorbehalten
ISBN 978-3-440-11611-1
Redaktion: Carolin Küßner
Gestaltungskonzept: Atelier Reichert, Stuttgart
Gestaltung: Guido Schlaich, München
Produktion: Siegfried Fischer
Printed in Germany / Imprimé en Allemagne

Der Gebrauch von Heilpflanzen setzt ihre sichere Kenntnis voraus. Nur auf die beschriebenen Arten trifft die angegebene Verwendung zu. Behandelt werden dürfen nur leichtere Gesundheitsstörungen, die keiner ärztlichen Behandlung bedürfen. Den Arztbesuch kann das vorliegende Buch auf keinen Fall ersetzen.
Alle Angaben in diesem Buch sind sorgfältig geprüft und geben den neuesten Wissensstand bei der Veröffentlichung wieder. Da sich das Wissen aber laufend weiterentwickelt, muss jeder Anwender prüfen, ob die Angaben nicht durch neuere Erkenntnisse überholt sind. Dazu muss er zum Beispiel Beipackzettel lesen und die Gebrauchsanweisungen befolgen. Jede Dosierung und Anwendung erfolgt auf eigene Gefahr. Autoren und Verlag müssen alle Schadensersatzansprüche von vornherein ablehnen.

Die Rechtschreibung der deutschen Pflanzennamen ist nicht eindeutig geregelt. Auch jede andere Art der Schreibung ist möglich, die Sie sowohl in Fach- als auch in populärwissenschaftlichen Büchern finden werden.
Gebrauchsnamen, Handelsnamen, Warenbezeichnungen sind in diesem Buch ohne nähere Kennzeichnung in Bezug auf Marken, Gebrauchsmuster oder Patentschutz wiedergegeben. Daraus kann nicht abgeleitet werden, dass diese Namen und Verfahren als frei im Sinne der Gesetzgebung gelten und von jedermann benutzt werden dürfen.